統計学への招待

大学生・社会人に必要な知識

Invitation to Statistics

監修　日本経営数学会
　　　臼井　功（監修代表）

編著　三品　勉

著者　岡田　穰
　　　奥　喜正
　　　芦田信之

税務経理協会

は じ め に

1　本書を手にする皆さんへ

本書は文系の大学生が初めて統計学に触れることを想定し，最も簡明な方法でその体系を説明することに注力した。しかし第5章を中心とする演算処理などは，実務に十分活用できる手法を多数紹介している。その意味で，理系の学生や仕事で統計学を使用している方々にも大いに役立つものと自負している。

教科書として使用する場合は，理論編として位置付けられる第1章から第4章まですべてを，学期内15回の授業で取り扱っていただきたい。本書全体を俯瞰し，先ずは統計学の体系を学んでいただきたいからである。統計学の一部は高校数学でも扱っている。しかしそれは各学年で学ぶ内容が分割され，また日常生活で役立てるには不十分と思われる部分が多い。本書ではそれらの欠点を補いながら，統一的に学べる工夫をしている。

各章では必須事項をコンパクトにまとめ，簡単な例で基本的なことを説明している。掲載しきれなかった例題は本書を離れ，出版社が提供するHPにまとめた。Excelによるそれらの解法例は第5章で解説している。

2　歴史から見た統計学の目指すところ

私たちの生活は数値によって成り立っているといっても過言ではない。「今日は暑かった。最高気温は32℃に達した」「最近の日本経済は年率2％で伸びている」といった会話が日常的である。一般に数値は単位をもち，用途別に評価された数字である。（ちなみに数値の英語表記はnumerical valueであり，価値を強調している。）それらをデータと呼ぶ。会社の運営も，スポーツの練習でもデータの助けがなければ成功は覚束ない。統計学はデータとしての価値を分かりやすくまとめ，活用するための手段である。

このようにあらゆる分野で重要な役割をもつ統計学なので，その起源は古い。古くは紀元前3000年ごろの人口や土地に関する国家統治の手段として使われた

ことはよく知られている。しかし学問としての体系化は，17世紀以降に各分野で独立的に進展した数量化処理によるところが大きい。例えば国家を念頭に置いたドイツ国勢学，イギリスでの人口動態などを対象とする大量データの取り扱いである。また当時大きな進展をしていた確率論を取り入れた天然痘死亡率計算なども貢献した。これらの手法は19世紀の半ばに普遍的に統合され，「近代統計学」としての地位を獲得した。

その後20世紀に入り，調査する全体の姿が分からないが抽出したサンプルで「推定」し，調べたい事象がこの推定値と比較して特殊かどうかを「検定」する推測統計学が発展した。これに対してそれ以前の，集めたデータの「特徴を説明」する目的のものは記述統計学と呼ばれている。本書ではこの2つの重要概念を，伝統的な統計学として詳しく説明する。

近年，ビジネスにおいて「ビッグデータの活用」とその分析手法が注目されている。文字通り膨大なデータを駆使して適切な経営意思決定を目指すものであり，ベイズ統計学と呼ばれている。この理論的根拠は18世紀半ばの「ベイズの定理」によるが，提唱以来伝統的な立場を支持する人からは異端とみられてきた。その理由は「答えは一つではなく，新しいデータを加えることにより更新していく」方法は，「はじめに主観を用いて客観性がない」とみなされたからである。一方伝統的な統計学は「答えは未知であるが，一定の客観性に基づいている」と評価された。しかしコンピュータによる大量データの収集と分析が可能になった現在，その意義が再評価されつつある。本書は伝統的な統計学の中でも，さらに最も基本的であると思われるところを解説している。将来，目的に応じて広くかつ深く統計学を学ぶために，本書で扱う基礎的知識は不可欠であると考えるからである。

3　本書の構成

本書は，大学生として理解しておくべきことを可能な限り広く扱っている。また社会に出て，もう一度統計学を学んでみたいと思う読者に対しても最大限考慮している。記述方法は数式をできる限り使用しないで，「各手法は何を目

はじめに

指しているのか，またどのように使うか」について体系的に理解できる工夫をしている。しかし実際に学んだ手法を使えなければならないので，最後の第5章は演習を中心とした。現実の問題に対応するためにはコンピュータの助けが必要であるが，本書ではExcelによる計算方法を詳細に説明している。各章での概要を理解するための簡単な例題と，それに対応する第5章での具体的な演習は，できる限り行っていただきたい。

ページ数が限られたなかで，もとより膨大な分野にまたがる統計学の全容は扱いきれない。そのため本書では統計学の限られた，しかし重要な概念をまとめている。本書は統計学の入門書である。繰り返しであるが，理論編の第1章から第4章までを全て目を通し，その概要をつかみ，将来，必要に応じて専門書に取り組むことをお薦めする。

本書は，統計学を知る上で特に重要と思われる概念を第1章から第4章までの4つ取り上げ，その説明に各章があてがわれている。第5章はそれらのまとめである。

第1章　データの性格を知る－データの特徴
第2章　不確かさを合理的に扱う－確率論の活用
第3章　データから全体を知る－推定・検定
第4章　複雑なデータの構造を読み解く－多変量データの分析
第5章　実際に計算してみる－Excelの活用

本書では，各章間のつながりを丁寧に説明し，統計学の概要をよく理解していただく工夫をしている。

第1章ではデータの中心を平均値，またデータの散らばり度合いを分散と標準偏差で評価する方法を説明する。ここで定義された方法は，これから学ぶ統計学全般に適用される。さらにデータの可視化方法として，発生の状態を度数分布で表す考え方を述べる。これは第2章の確率分布の概念につながっている。

第2章では，一般に事象の度数分布をとると，ある一定のパターンがあることが説明されている。全体から評価される発生度数の割合は確率として取り扱

われ，確率分布として定義される過程を述べる。特に正規分布は重要で，第3章の推定と検定で活用の場を広げる。

第3章は，実際のデータがない時にも，唯一の手がかりとしての標本（サンプル）と確率分布を頼りにして全体像を推定する方法を説明する。ここでも平均値，分散と標準偏差が重要な役割を果たしていることを理解する。

第4章では，これまで主として1変量の事象を扱ってきたが，いくつかの変量が同時に起きたときの取り扱い例を説明する。特に相関と回帰の考え方を中心に説明している。

第5章は，第1章から第4章の総まとめの役割を果たす。統計学は極めて実践的な学問であり，学んでも実際の計算ができなければ意味がない。第5章での手法を使い，誰もが容易に計算できることを実感していただきたい。また，なぜこのような計算方法をするのかとの疑問が生じたときは，対応する章に戻り確認する必要がある。これを繰り返し行うことで，統計学は自由に使いこなせるようになる。

実際の計算演習は，出版社が用意したURLから目的別Excel演習ファイルをダウンロードし，ワークシート上で数値を入れ替えながら学ぶ方法を採用している。Excel操作は基本的な機能のみを使用し，特別な使い方はしていない。先ずは本書の指示に従い，読者の独自の数値を使って計算を楽しんでいただきたい。なお演習ファイルは，対応する章の練習問題の他に第5章独自の問題も入り，定期的にその内容が更新される。

4 本書で使用する記号表記法

本書では下記の記号に統一して使用している。

分散（記述統計）	$s_x^{\;2}$
標準偏差（記述統計）	s_x
母平均	μ
母分散	σ^2
母標準偏差	σ

はじめに

確率変数	$X \quad X_1 \quad X_2 \quad X_3 \quad \cdot \quad \cdot \quad \cdot$
その実現値	$x \quad x_1 \quad x_2 \quad x_3 \quad \cdot \quad \cdot \quad \cdot$
標本平均（確率変数）	$\bar{X}$
その実現値	$\bar{x}$
標本分散（確率変数）	S^2
その実現値	s^2
標本標準偏差（確率変数）	S
その実現値	s

　なお一部説明の必要上，母集団からの推定値を$\hat{\mu}$のように頭に「＾」をつけている。また確率変数であることを強調するときには，例えば，データの数値xと区別するためXを用いている。注意していただきたい。

目　　次

はじめに

第1章　データの性格を知る－データの特徴－ ………………………3

第1節　数値全体の特徴 ……………………………………………3

第2節　図式化による理解 …………………………………………4

　　1　度数分布表 ………………………………………………… 5

　　2　ヒストグラム ……………………………………………… 6

　　3　箱ひげ図 …………………………………………………… 8

第3節　データの要約－全体を特徴づける数値 …………………10

　　1　代　表　値 …………………………………………………10

　　　(1)　最頻値　中央値 …………………………………………10

　　　(2)　平　均　値 ………………………………………………11

　　2　散らばりの度合い …………………………………………15

　　　(1)　範　　　囲 ………………………………………………15

　　　(2)　四分位範囲 ………………………………………………15

　　　(3)　分　　　散 ………………………………………………16

　　　(4)　標　準　偏　差 …………………………………………18

第4節　度数分布表の活用と次章以降への考察 …………………20

　　1　度数分布表による平均と分散の算出 …………………… 20

　　　(1)　平均の計算 ………………………………………………21

　　　(2)　分散の計算 ………………………………………………22

　　2　次章以降への考察　確率分布理解への準備 ……………24

1

第2章　不確かさを合理的に扱う－確率論の活用－ ……………… 27

　第1節　確　　　率 ……………………………………………………27

　　1　確率の定義 ……………………………………………………… 28

　　2　確率の計算 ……………………………………………………… 30

　　　(1)　根元事象，複合事象と集合 ……………………………… 30

　　　(2)　集合間の演算と複合事象の確率 ………………………… 31

　　　(3)　条件付き確率と統計的独立性 …………………………… 32

　第2節　確　率　変　数 …………………………………………………33

　　1　確率変数とは …………………………………………………… 33

　　2　離散型確率変数と連続型確率変数 ………………………… 34

　　3　確率変数の性質 ………………………………………………… 35

　　　(1)　確率変数の平均と分散 …………………………………… 35

　　　(2)　確率変数の変換 …………………………………………… 38

　　　(3)　確率変数の和と積の平均 ………………………………… 39

　　　(4)　独立な確率変数 …………………………………………… 41

　第3節　確　率　分　布 …………………………………………………42

　　1　二　項　分　布 ………………………………………………… 43

　　2　ポアソン分布 …………………………………………………… 44

　　3　正　規　分　布 ………………………………………………… 46

　　　(1)　正規分布の概要 …………………………………………… 46

　　　(2)　標準正規分布（z分布） ………………………………… 48

　　　(3)　二項分布の近似 …………………………………………… 49

　　4　一　様　分　布 ………………………………………………… 50

　第4節　標　本　分　布 …………………………………………………51

　　1　標本分布の概要とその性質 …………………………………… 51

　　2　標本平均$\overline{X}$の分布 ………………………………………… 51

　　　(1)　標本平均の分布 …………………………………………… 51

　　　(2)　中心極限定理 ……………………………………………… 52

2

目　　次

 3　t　分　布 ……………………………………………… 53

 4　カイ二乗分布（χ^2分布）………………………… 54

 5　F　分　布 ……………………………………………… 56

第3章　データから全体を知る－推定と仮説検定－ ………………… 59

第1節　統計的推測とは ………………………………………………… 59

第2節　点　推　定 ……………………………………………………… 60

第3節　区　間　推　定 ………………………………………………… 64

 1　母平均 μ（母分散 σ^2 既知あるいは大標本のとき）の信頼区間 …… 65

 2　母平均 μ（母分散 σ^2 未知で小標本（$n<30$）のとき）の信頼区間 …… 67

 3　母比率 p（大標本のとき）の信頼区間 ……………………… 68

第4節　仮　説　検　定 ………………………………………………… 69

 1　統計的仮説検定の考え方 …………………………………… 69

 2　仮説検定を理解するための問題 …………………………… 70

 3　統計的仮説検定に関する注意事項 ………………………… 72

第5節　母平均の検定 …………………………………………………… 74

 1　母分散 σ^2 が既知，あるいは大標本のとき …………… 74

 2　母分散 σ^2 が未知の正規母集団で小標本（$n<30$）のとき ……… 76

 3　データに対応のある場合の母平均の検定問題 ……………… 79

第6節　2つの母平均の差の検定 ……………………………………… 79

 1　2つの母平均の差の検定法 ………………………………… 80

  (1)　母分散が未知で小標本のとき …………………………… 80

  (2)　母分散が既知のとき，あるいは，大標本のとき …………… 80

 2　2つの母平均の差の代表的な検定問題 …………………… 82

第7節　母比率の検定 …………………………………………………… 85

第8節　分　散　分　析 ………………………………………………… 86

 1　一元配置分散分析 …………………………………………… 86

 2　多　重　比　較 ……………………………………………… 89

3

第4章 複雑なデータの構造を読み解く－多変量データの分析－ … 93

第1節 2つの変数間の関係をみる ……………………………………93

1 散 布 図 ………………………………………………… 94

2 共分散と相関係数（相関分析）…………………………… 96

3 回帰分析（単回帰分析）…………………………………… 99

第2節 3つ以上の変数間の関係をみる ………………………… 103

1 多変量データの解析の種類 ………………………………103

2 行列散布図 ……………………………………………… 105

3 相関行列と偏相関係数 …………………………………… 107

4 回帰分析（重回帰分析）………………………………… 110

5 因 子 分 析 ……………………………………………… 113

　(1) 因子分析と主成分分析との違い ………………………114

　(2) 因子分析のアウトプットの解釈 ………………………115

　(3) 因子の解釈（潜在評価尺度の解釈）…………………… 119

　(4) 因子得点の活用 ………………………………………120

第5章 実際に計算してみる－Excelの活用－ ………………… 123

第1節 は じ め に ……………………………………………… 123

1 本書に準拠したExcelファイルの構成 ………………… 124

2 はじめに.xlsxについて …………………………………125

第2節 高校数学統計の復習.xlsxについて …………………… 126

第3節 第1章.xlsxについて ………………………………… 127

1 度数分布表を作る（シート5-3-1）……………………127

　(1) COUNTIF関数（またはCOUNTIFS関数）を使う方法 …… 127

　(2) 分析ツールを使う方法 ………………………………127

　(3) 生データより標準的なヒストグラムを直接得る方法 ……… 128

2 箱ひげ図を作る（シート5-3-2）……………………… 128

3 データの要約（シート5-3-3）………………………… 129

4

目　　次

第4節　第2章.xlsx について ……………………………………………… 132

　　1　乱数でさいころをつくる（シート5-4-1）………………………132

　　　(1)　さいころを1000回振った時のヒストグラム

　　　　　（シート5-4-2）………………………………………………132

　　　(2)　n 個のさいころの出た目の和（シート5-4-3）……………132

　　　(3)　4個のさいころの出た目の和　試行回数を増やす

　　　　　（シート5-4-4）………………………………………………132

　　2　二 項 分 布（シート5-4-5）……………………………………133

　　3　ポアソン分布（シート5-4-6）…………………………………133

　　4　正 規 分 布（シート5-4-7）……………………………………133

　　　(1)　正規分布を描く（シート5-4-8）………………………………134

　　　(2)　正規分布表の作成（シート5-4-9）……………………………136

　　　(3)　その他の分布表の作成 …………………………………………137

第5節　第3章.xlsx について ……………………………………………… 137

　　1　区 間 推 定 …………………………………………………………138

　　　(1)　母平均の信頼区間（母分散既知　大標本）（シート5-5-1）…138

　　　(2)　母分散の信頼区間（母分散未知　小標本）（シート5-5-2）…138

　　2　仮説の検定 ……………………………………………………………139

　　　(1)　コイン投げの例 …………………………………………………139

　　　(2)　母平均の検定 ……………………………………………………139

　　3　2標本の検定 …………………………………………………………139

　　　(1)　2群の平均値の差の検定（シート5-5-7）……………………140

　　　(2)　2つの母平均の差の検定（シート5-5-8）……………………141

　　4　χ^2検定（カイ二乗検定）…………………………………………141

　　　(1)　適合度検定（シート5-5-10）…………………………………142

　　　(2)　独立性の検定（シート5-5-11）………………………………142

第6節　第4章.xlsx について ……………………………………………… 144

　　1　散布図を描く（シート5-6-1）……………………………………144

5

2　相関係数を求める（シート5-6-2）……………………145

　　⑴　統計関数で直接求める方法 ………………………145

　　⑵　分析ツールの相関および回帰分析から求める方法 ………146

　　⑶　散布図から求める方法 …………………………148

　　3　重回帰分析（シート5-6-3）……………………149

　第7節　Excelその他の機能.xlsxについて ……………………… 150

　　1　ウィンドウ枠の固定 ………………………………151

　　2　データの並べ替え ………………………………151

　　3　フィルター機能の活用 ……………………………151

　　4　ピボットテーブルの活用 ………………………152

　　5　データの検索，検索結果の参照 ………………152

　　6　Excelマクロ ……………………………………152

あ と が き …………………………………………………… 153

標準正規分布表　t分布表　χ^2乗分布表　F分布表 ……………… 155

索　　　引 ……………………………………………………… 159

統計学への招待

－大学生・社会人に必要な知識－

監修　日本経営数学会

臼井　功（監修代表）

編著　三品　勉

著者　岡田　穣

奥　喜正

芦田信之

第1章　データの性格を知る
－データの特徴－

POINT!　　　　　　先ずはじめに理解すること

- 統計学が目指すところは様々あり，その手法も多様である
  しかし共通のよりどころは「平均」「分散」「標準偏差」の考え方

第1節　数値全体の特徴

　統計学の重要な役割として，先ずは集められた数値が全体としてどのような姿をしているかを説明することにある。例えば日本の人口構成や，高校のクラスで行われた数学の得点結果の特徴づけなどである。数値全体の性質を説明する役割は**記述統計**と呼ばれている。

　一方，記述統計に対応するものとして**推測統計**がある。本書では主として第3章で扱っているが，集めきれない大量の数値から数点を選び出し，それを基にして背後にある数値全体の姿を推定するものである。記述統計と推測統計を問わず，取り扱う数値は一般に「データ」と呼ばれているが，推測のために選び出された数値もまたデータであり，これを特に「標本」，あるいは「サンプル」という。一般に，集めきれない大量の数値を「母（ぼ）集団」，数値を選び出すことを「抽出する」といい，図表 1-1 の関係がある。

3

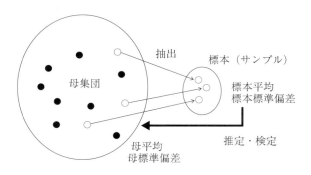

図表 1-1　母集団と標本の関係

　記述統計と推測統計が対象とするものは異なるが，数値の取り扱い方法は基本的に同じである。第1章で定義する計算方法，特に数値全体を代表しその中心となる「平均」と，平均の値からどの程度各データが離れているかの散らばり具合を示す「分散」の考え方は重要である。歴史的に見てもいろいろな分野で発生した統計手法が，19世紀の半ばに近代統計学として統合された背景に平均と分散の概念があった。

　一般に，物事をよく理解するためには概要を「図式化」し，さらに「ストーリーとして説明してみる」とのアドバイスがある。全体と各部分との関係を知って，はじめてその姿がより明確になる。統計学でもデータの分布状況について直観的に把握し，その分布状況を踏まえて，求めたい結果を導き出す適切な分析手法を選択する伝統がある。本章ではこのアドバイスの実践として，生データのグラフ化と特徴を要約する技術についての2点を概観する。可視化による表現と，ストーリーを語るための指標づくりである。

第2節　図式化による理解

　集めた数値を視覚的に表現すると，全体の概要をよく理解することができる。日常生活においても，図や写真がない新聞や雑誌はほとんど見かけない。

第1章　データの性格を知る

統計学で使う図式の代表的なものは**ヒストグラム**と**箱ひげ図**であり，また時系列推移を表す折れ線グラフなどである。この節では先ずヒストグラムと，次に時系列データにも活用され，数値の散らばり度合いを視覚化する箱ひげ図についてふれる。これらは第2章以降の「分布」と密接に関連し統計学にとって重要な概念となっている。

1　度数分布表

図式化するのに必要な準備は度数分布表の作成である。**度数分布表**はデータの発生区分と，その区分内でのデータの発生頻度，これを度数と呼びまとめたものである。この表を使うことにより，様々な図表が描けるし，またこれから扱う平均や分散などを容易に計算することができる。しかし区分の設定により，図表のイメージが変わったり，個別に計算された平均値や分散と多少異なる値が算出されるので注意が必要である。この区分は**階級**と呼ばれている。

第1章で使用する数値例を，図表1-2にまとめておく。これからいくつかの計算例を示すが，どれも皆この数値が使われる。

【数値例】

15名が100点満点のテストを受けた事例であり，結果は最高得点が95点，最も低い点が53点であった。図表1-2は点数の低い順にすべての点数をまとめたものである。

53	57	62	64	66	68	71	73
76	76	79	82	86	87	95	

図表1-2　15名のテストの得点

先ずはこれを得点で区分分けする。100点満点であるが50点以下がないので，仮に50点以上を10点ごとに分けると5つの階級ができる。この例では順に50点以上60点未満，60点以上70点未満，以下同様にして階級を作り，最後は90点以

上100点以下となる。各階級に対応する人数を度数として書き入れると図表1-3の度数分布表が出来上がる。

階　級（点）	階級値（点）	度数（人）
50以上　60未満	55	2
60以上　70未満	65	4
70以上　80未満	75	5
80以上　90未満	85	3
90以上　100以下	95	1
合　　計	－	15

図表1-3　テスト結果の度数分布表

　度数分布表の作成においては，階級数が少ないと失われる情報が多くなり，階級数が多いと全体の分布をとらえにくくなるので，適当な階級数はデータ数に応じて5～15とされる。さらに具体的に適当な階級数を定める方法としてはスタージェスの公式を利用する方法などがある。

2　ヒストグラム

　度数分布表から，横軸に階級を，また縦軸に度数をとり長方形の柱で示すと図表1-4のような**ヒストグラム**が出来上がる。ヒストグラムは柱状グラフとも呼ばれている。

第1章 データの性格を知る

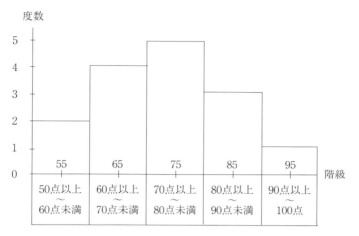

図表1-4 テスト結果のヒストグラム

　図表1-3と図表1-4での階級と度数の単位は，それぞれ「点」と「人」である。一般にデータ数が多い（約30以上）ときには度数分布表を使い，実際に発生した個々の数値は階級を代表する中央の値で置き換える。この値は**階級値**と呼ばれ，各階級に入るデータはその階級の中に均等に散らばっていることが前提となっている。

　ヒストグラムを使用することにより，容易にデータの特徴を知ることができる。しかし人数が異なるクラス間の評価をするなど，対象のデータ数が異なるときには，データ同士を直接比較することは困難である。そのようなときには，階級に含まれる度数の全体に対する割合を比較するとよい。データ全体に対する割合を相対度数といい，相対度数に対応するヒストグラムも一般に用いられている。

　また相対度数を第1階級から順に積み上げると，最後の階級で度数は1となる。これを累積相対度数と呼び，データの分布状況を示す一つの指標となっている。必要に応じて活用すると便利である。

　なおヒストグラムをはじめ，次に述べる箱ひげ図など各種の図表は，データ

さえ揃えばExcelで簡易に描ける。詳しくは第5章を参照いただきたい。

3　箱ひげ図

　ヒストグラムを描くと，データの分布についての全般的特徴を視覚的に知ることができる。例えば図表1-4では，データの発生頻度は真ん中が最も多く，ピーク（左右より高いところ）は1つであることが分かる。また図表1-5では2つのピークがあり，右側の裾野の方が長いことなどが容易に理解できる。

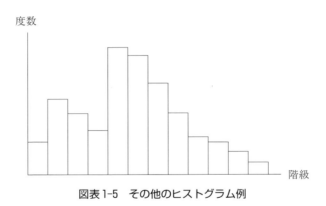

図表1-5　その他のヒストグラム例

　しかし一方，分布の最大値や最小値，また後述する中央値や平均値などを知ることはできない。**箱ひげ図**はこれらの情報を取り入れて，ヒストグラムと異なった方法でデータの特徴を示す手段である。また箱ひげ図は，ヒストグラムと異なり，多くの異なった状況の図を同一の図面上に示すことができる。そのため，箱ひげ図を時間に依存して変化する時系列データとして並べれば，ある期間内全体のデータの動きを知ると同時に，期間内小単位のデータの散らばり度合いを適切に示すことができる。例えば，ある株価を1か月ごとに1年間並べれば，1年間の株価の変動と同時に，月ごとの平均株価の中央値や最高値などを一挙に図示することができる。

　図表1-2のテストの結果データを箱ひげ図によって図示すると図表1-6のよ

第1章 データの性格を知る

うになる。

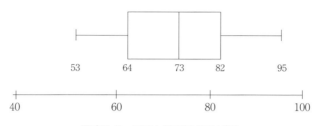

図表1-6 テスト結果の箱ひげ図

単位はすべて「点」である。作成の詳細は第3節の「データの要約－全体を特徴づける数値」の説明を待たなければならないが，この場合特に代表値の理解が必要であり，「全体（図）と各部分を説明する数値の協力により，はじめてその姿がより明確になる」。

図表1-6の概要は次のように説明される。最低値53点・最高値95点の「ひげ」があり，64～82点の箱の中に15人中9人のデータが入っている。一般に，ひげを含めて広がりが大きければデータの散らばりは大きく，また箱の中には全データの半数以上が入ることが知られている。したがって箱ひげ図は，どの範囲にデータの集まりがあるのか，特異なデータがあるのかなどを視覚的に判断できる手段となりうる。これもまた「分布の形状」との概念で，第2章以降の考え方に発展していく。

POINT!	データの視覚化

- データのまとまりを視覚的に知る方法として，ヒストグラムや箱ひげ図がある

第3節　データの要約－全体を特徴づける数値

　再び図表1-2のデータを使用する。テストの結果を評価する方法はいくつか考えられる。知りたいと思う事項は　①平均の値　②最も多くの人がとった点数　③成績順に並べて真ん中の人の点数などであり，その他④最高点・最低点はいくらか，⑤分散あるいは標準偏差などであろう。

　①～③はそれぞれテスト結果概要を表す指標となる値であり，**代表値**と呼ばれる。これに対して④と⑤は結果の広がりを示す数値，または散らばり度合いを特徴づける数値である。これらは既に数値として存在しそのまま使うものと，計算により加工してつくり出すものがある。加工するものの中でも，平均と分散，それに標準偏差の概念が重要である。加工の考え方・算出方法がよく分かれば，次章以降の内容が理解しやすくなる。

　1　代　表　値

⑴　最頻値　中央値

　代表値としてそのまま使える数値で活用の多いのは，上記②の**最頻値**（なみ値，またはモード）と，③の**中央値**（メジアン）である。

　②の最頻値は，最も多くの人がとった点数（出現回数の多い点数）であり，テストの難易度を示す指標になりうる。上記の例では76点である。

　集められた数値を大きさの順に並べたとき，ちょうど中央にくる値を③の中央値（メジアン）と呼ぶ。上記の例では15人が対象になっているので中央の値は明確であり73点である。もし偶数人を対象としていれば，中央を構成する前後2人の中間の値（平均）を使う。例えば6人の場合であれば，3人目と4人目の値を平均したものとする。テストの参加者がとった成績で，ちょうど真ん中にあたる人の点数なので，テストの難易度と参加者の能力を示す分かりやすい方法といえる。

　しかし最頻値は，データのすべての値の影響を考慮しているわけではないと

10

いう短所の他に，２つ以上同じ高さのピークを持つときは複数存在することになり，均等にデータが出現するときには存在しないという短所がある。また中央値は，特に中央値から離れた値の変化を考慮できないという短所の他に，データが大量の場合，データに大きさの順序をつけるのは簡単なことではないという短所を持つ。そこで後者の短所に対応するために，従来はヒストグラムから概算的に求める方法などが工夫されていたが，現在ではExcelによって容易に中央値を求めることが可能である。詳しくは第５章を参照していただきたい。いずれにしても，これらの短所を克服するのが次に述べる平均値である。

(2) 平 均 値

①の**平均値**は代表値の中でも最も一般的であり，統計学の観点から見ても重要な数値である。その理由の一つは最頻値や中央値と異なり，参加者全員の情報が入っていることであろう。特定の人のみの数値に注目しているわけではなく，この全員参加型評価方式がこれから学ぶ統計学の基本となっている。平均 $\bar{x}$ の計算はデータが n 個あり，それぞれの値が x_1　x_2　$\cdots$　x_n であるとき

$$\bar{x} = \frac{x_1 + x_2 + \cdots + x_n}{n} \tag{1.1}$$

である。数学の一般式では

$$\bar{x} = \frac{1}{n} \sum_{i=1}^{n} x_i \tag{1.2}$$

と書き表す。Σ（シグマ）は合計を意味する。

図表1-7のように，質量のない一本の棒に，同じ重さの錘が，原点から x_1，x_2，x_3 の距離に吊り下げられており，$\bar{x}$ でつり合っているとすると，$\bar{x}$ は重心であり，$\bar{x}$ から錘までの距離の和は左側と右側で等しい。

図表1-7 重心での錘のつり合い

したがって式 $(\bar{x} - x_1) + (\bar{x} - x_2) = (x_3 - \bar{x})$ が成り立つ。これより

$$\bar{x} = \frac{x_1 + x_2 + x_3}{3}$$ である。これは平均であり，重心を表している。

【問題】 図表1-2の例を使って平均を求めなさい。

（解答） $\bar{x} = \dfrac{53 + 57 + \cdots + 95}{15} = 73$

平均は73となる。

しかし一方，式（1.1）で計算される平均では，① 外れ値の影響を受けやすい，② 代表値として適切と思われない場合がある，という2つの短所がある。

短所①は，例えば経済調査で対象世帯が10，その年間所得がすべて500万円とすると，平均所得は500万円である。もし10所帯の中の1世帯だけ1億円とすると，平均所得は1,450万円となり前者の場合の約3倍である。1億円の所得は外れ値であるので，平均値が外れ値の影響を受けやすいことが分かる。

短所②は，例えば次のようなことである。2016年度の日本の2人以上世帯の平均貯蓄額は1,820万円であった。しかし貯蓄額の分布は，図表1-8のように右の裾野が長く，右に偏っている。平均貯蓄額を超える世帯数は1/3しかないので，この平均貯蓄額が分布の代表値とは必ずしもいえない。ところが全世帯の中央値は996万円であるので，この値の方が分布の代表値として多くの人の感覚に合い，適切であると思われる。なお，モードは0以上100万円未満の階級である。これを代表値としてもおかしくない。

第1章　データの性格を知る

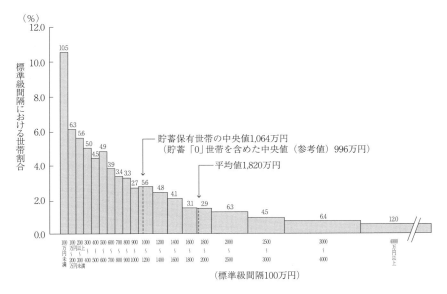

図表1-8　貯蓄現在高階級別世帯分布－2016年

（出典：総務省統計局）

式（1.1）で示された平均は**相加平均（算術平均）**と呼ばれるものである。その他平均には相乗平均（幾何平均），調和平均，ベクトル平均などがあり，用途によって使い分けされる。

例えば相乗平均は，データがn個あるとき

$$\sqrt[n]{x_1 x_2 \cdots x_n} \tag{1.3}$$

で計算される。これは国内総生産（GDP）の年伸び率のような掛け算で求められる数値の年平均算出に必要な方法である。例えば3年間のGDPの伸び率がそれぞれ1％，3％，6％であれば年平均伸び率は，幾何平均

$$\sqrt[3]{1.01 \times 1.03 \times 1.06} = 1.033$$

より，3.3％である。

13

また評価項目がいくつかあるときに，仮に相加平均では同じ値になっても，得点のバランスが良い方を採用したい要望があるときには相乗平均は有効である。バランスが良ければ相乗平均はより高くなることを利用している。例えば次の2組のデータがある。〔3，6，9〕と〔5，6，7〕で，この相加平均はともに6で同じであるが，相乗平均は順に5.45と5.94で後者の方が高くなる。まとまりが評価事項として重要なときは相乗平均が役立ち，評価の多様性を考えて使い分けが必要である。

　調和平均は次のような問題を解くのに利用される。ある工場では新型と旧型の機械を1台ずつ用いて部品加工を行っている。新型の機械による部品1個の加工時間はx_1（分／個），旧型の機械ではx_2（分／個）である。この工場の部品1個当たりの平均加工時間Hはいくらか。Hは次のように求める。

$$\frac{1}{H} = \frac{1}{2}\left(\frac{1}{x_1} + \frac{1}{x_2}\right) \tag{1.4}$$

このHはx_1とx_2の調和平均と呼ばれる。

　平均加工時間が調和平均によって求められることは次のように考えれば理解できる。新型の機械による1時間当たりの部品の加工数は$60/x_1$，旧型の機械では$60/x_2$である。したがって，延べ2時間（120分）で（$60/x_1 + 60/x_2$）個加工していることになるから，1個当たりの平均加工時間Hは

$$H = 120/(60/x_1 + 60/x_2)$$

である。これを変形すると式（1.4）となる。例えば$x_1 = 3$，$x_2 = 5$のとき，$H = 3.75$であり，相加平均とは異なる。一般に，n個のデータx_1　$x_2 \cdots x_n$の調和平均は

$$\frac{1}{H} = \frac{1}{n}\sum_{i=1}^{n}\frac{1}{x_i}$$

第1章　データの性格を知る

より求められる。

2　散らばりの度合い

データの散らばり度合いは，対象としているデータの広がり具合，すなわち中心付近に集まっているデータが多いか，中心より離れたデータが多いかを示す。上記テストの例では最高点と最低点の差はどのくらいか，あるいは得点は平均値の付近に多く分布しているか否か，といった情報を提供する。

(1)　範　　囲

データの広がりは最大値と最小値の差で評価され，取りうる数値の大きさを示す。これを**範囲**（レンジ）といい，一般に範囲が大きいほどデータの散らばり度合いは大きい。

【問題】　図表1-2の例を使って範囲を求めなさい。

（解答）　$95 - 53 = 42$

範囲は42。

(2)　四分位範囲

範囲は極端に大きい，あるいは小さい数字に強く影響を受ける。例えばほとんどの得点が60点前後に集まっているとき，一人のみが100点に近い点数を取ったら範囲は広がる。そのまま計算結果を使えば，誤った結論に導くかも知れない。

この場合の対策として，合理的に極端な数値を除く方法がある。データを中央値で2分割し，さらに分割されたデータの前半部分と後半部分の中央値を求める。このようにするとデータ全体は3つの中央値で4等分される。この分割する値を**四分位数**という。特に3つの値の1番目を第1四分位数（Q_1），以下2番目，3番目をそれぞれ第2四分位数（Q_2），第3四分位数（Q_3）と呼ぶ。Q_1とQ_3の差であれば極端な数値が除かれ，これを新しい範囲として採用すれば都合がよく，四分位範囲と呼ばれている。

15

四分位範囲　＝ $Q_3 - Q_1$　　　　　　　　　　　　　　　　(1.5)

【問題】　図表1-2の例を使って四分位範囲を求めなさい。

（解答）　$Q_3 = 82$　$Q_1 = 64$　　$82 - 64 = 18$

　　　　　四分位範囲は18となる。

　箱ひげ図は四分位範囲に基づいて作成される。前節では定義をしなかったが，箱の下界と上界はQ_1とQ_3である。したがってデータの半数の数値はこの箱の中に含まれている。ちなみに図表1-6での箱の中の線は，データ全体の中央値Q_2である。

(3)　分　　　散

　範囲で数値の散らばり度合いを評価する弱点は，代表値での議論と同様に，参加者全員の数字を使っていないことである。そこで統計学では，一つひとつの数値が平均からどれだけ離れているかを計算する。これを平均からの偏差という。偏差の合計はグループ内の散らばりの度合いとして評価できる。グループがn個のデータから成り立つときは

$$偏差の合計 = \sum_{i=1}^{n} (x_i - \bar{x}) \qquad (1.6)$$

　しかし計算過程で明らかなように，偏差の合計は0（ゼロ）となる。これを避けるためには，偏差の絶対値を合計するか，あるいは各偏差を2乗して合計すればよい。偏差をすべて正の値にすれば，合計した際にプラス・マイナスの影響で和がゼロになるということはない。一般に絶対値の扱いは困難であるので，データ全体のバラツキの大きさを示すのに統計学では後者を使い，この合計値を偏差平方和と呼んでいる。

$$偏差平方和 = \sum_{i=1}^{n} (x_i - \bar{x})^2 \qquad (1.7)$$

第1章　データの性格を知る

　もし仮に2つのグループが同じ範囲を持ち，同程度に数値が散らばっていれば，偏差平方和はほぼ同じになるはずである。ところが，一方のグループの数値の数が他方の2倍あれば，偏差平方和も2倍となる。使用するデータの数によりその値が変わり不合理である。これを調整するために偏差平方和をデータの数で割り，偏差平方和の平均を求める。これが**分散** $s_x{}^2$ であり非常に重要な値となっている。

$$s_x{}^2 = \frac{1}{n}\sum_{i=1}^{n}(x_i - \bar{x})^2 \tag{1.8}$$

これは

$$\frac{1}{n}\sum_{i=1}^{n}(x_i - \bar{x})^2 = \frac{1}{n}\sum_{i=1}^{n}(x_i{}^2 - 2x_i\bar{x} + \bar{x}^2) = \frac{1}{n}\sum_{i=1}^{n}x_i{}^2 - \bar{x}^2 \tag{1.9}$$

であるので，「（2乗の平均）−（平均の2乗）」によっても計算できる。以下では，この式によって分散を計算する方法を簡便法と呼ぶ。

【問題】　図表1-2の例を使って分散を求めなさい。

（解答）　$\bar{x}=73$ と分かっているのでこれを使い

$$s_x{}^2 = \frac{(53-73)^2 + (57-73)^2 + \cdots + (95-73)^2}{15} = 128$$

　分散は128となる。式（1.9）でも同じであることを確認していただきたい。

　ちなみに平均値からの偏差を絶対値で表すものも，やはりデータの数により大きさが正しく評価できない。そのため，これもまたデータ数で割ると都合がよくなる。これを平均（絶対）偏差と呼ぶ。しかし前にも述べたように，絶対値は扱い難いので利用は少ない。

17

$$平均（絶対）偏差 = \frac{1}{n} \sum_{i=1}^{n} |x_i - \bar{x}| \tag{1.10}$$

(4) 標 準 偏 差

　平均（絶対）偏差の扱いは困難であるが，数値全体を使い，また扱っている単位をそのまま使って平均からの隔たりの総和として把握するので分かりやすい。単位とはデータの数値を説明する基準であり，テスト結果であれば何点，また体重をデータとしていれば何 Kg といったものである。一方，分散は偏差を 2 乗しているので単位が変わってしまうため，平均値との離れ具合を感覚的につかむことはできない。例えば（点^2）は意味をなさない。統計学ではこのとき，分散の正の平方根をとって元の単位にもどし，それを**標準偏差**と呼んでいる。したがって点数で評価されるテストの散らばり度合いも「点数」であり，使い勝手がよい。平均値，分散とともに統計学全体を構成する重要な概念となっている。

$$標準偏差 \quad s_x = \sqrt{\frac{1}{n} \sum_{i=1}^{n} (x_i - \bar{x})^2} \tag{1.11}$$

　これは簡便法から

$$s_x = \sqrt{\frac{1}{n} \sum_{i=1}^{n} x_i^2 - \bar{x}^2} \tag{1.12}$$

によっても計算できる。

　【問題】　図表 1-2 の例を使って標準偏差を求めなさい。

　（解答）　分散は 128 であることが分かっているので　$s_x = \sqrt{128} = 11.3$
　　　　　標準偏差は 11.3 となる。

　第 3 章で学ぶ推測統計学では，母集団を構成する母平均や母分散などを推定

18

する。そのためには，母集団から取ってきた標本数値を手掛かりとして使わざるを得ない。平均に関しては，ここで述べた計算式をそのまま使用するが，しかし分散に関しては，ここで述べた計算式を多少調整して使用する。詳しくは第3章を参照していただきたい。

　ここで，分散あるいは標準偏差の利用法を記述統計の範囲内で2点示す。

　第1点目は，私たちは実際に使用するまでその商品の品質が分からない商品を購入するとき，価格が同じであるならば，さまざまな情報に基づいて，性能が平均的に高く，そして当たりはずれが小さいと考えられる商品を購入する。このことを統計学的にいうと，性能の平均値が高く，その分散ないし標準偏差が小さいと考えられる商品を購入することを意味している。このことを過去のデータから平均値と分散ないし標準偏差を厳密に計算して実行しているのが，証券会社や金融機関などにおける金融資産の選択である。そこでは金融資産からの利益の平均値はリターン，その分散ないし標準偏差はリスクと呼ばれている。なお，実際にはこの金融資産の選択はある1種類の金融資産の選択ではなく，金融資産の組合せであるポートフォリオの選択として行われる。

　第2点目は，試験の成績や大人の身長の場合，$\bar{x} \pm s_x$の間に全体の約2/3が，$\bar{x} \pm 2s_x$の間に全体の約19/20が，また$\bar{x} \pm 3s_x$の間に全体の約997/1000が入ることが経験的に知られている。この事実から，もし自分の試験の得点や身長が分かれば，自分の全体での位置がおおよそ分かる。なお$\bar{x} \pm s_x$は平均から前後に標準偏差1つ分離れた範囲の意味である。詳しくは第2章を参照していただきたい。

　なお，試験の得点はしばしば偏差値で表される。100点満点の試験の得点がx_iであるときの偏差値は，得点を平均値が50点，標準偏差が10点となるように変換したもので，

$$\frac{(x_i - \bar{x})}{s_x} \times 10 + 50 \tag{1.13}$$

によって計算される。これによって自分の位置が大ざっぱに分かる。なお，こ

の議論は得点の分布が正規分布に従っていることが前提であるが（次章参照），正規分布が保証されていない場合でもなされるので注意が必要である。

　ところで身近な問題として，グループ間でデータの散らばりの大きさ比較をすることがある。しかし使用単位が異なり比べること自体ができなかったり，またもともと平均値が大きく異なり，直接比較することができないことがある。一般にこのような時には，評価に使用する数値を無次元化する（単位をなくす）ことで対応する。この場合，標準偏差を平均値で割って無単位にしてから比較すればよい。この評価数値は**変動係数**と呼ばれている。詳しい計算方法については第5章を参照していただきたい。

POINT!

データを要約する

- 平均値はデータの重心
- 分散・標準偏差はデータの平均値からの離れ具合を評価

第4節　度数分布表の活用と次章以降への考察

1　度数分布表による平均と分散の算出

　第2節では，度数分布表を用いてヒストグラムを作成した。データは階級としてまとめられ，階級に入る各数値の数を度数とした。その際，各数値は所属する階級の代表となる中央の値，階級値に置き換えられている。その結果，各階級内の数値はすべて階級値に等しくなっている。

　このような理由で度数分布表では，元のデータの情報が一部失われ，階級数が少なすぎると失われる情報は多くなる。逆に，階級数が多すぎると全体の傾向は見失われるので，適切な度数分布表を作る必要があることを指摘した。したがって，度数分布表を使った平均や分散の計算は，個別の数値で計算したときと多少誤差が生じる可能性があることを前提にして，度数分布表を使用した平均と分散の計算の方法をまとめてみる。計算が簡略化し，またデータ全体の

20

第1章　データの性格を知る

把握が容易になるので広く活用されている。

(1) 平均の計算

ある区分法に従って作成した階級値を x_1　x_2　・　・　x_r　とし，それに対応する度数を　f_1　f_2　・　・　f_r　とする。このとき基となる度数分布表は下表の左の2列であり，これに xf 欄を付け加え図表1-9とする。

階級値 x	度数 f	xf
x_1	f_1	$x_1 f_1$
x_2	f_2	$x_2 f_2$
・	・	・
・	・	・
x_r	f_r	$x_r f_r$
合計	n	$\sum x_i f_i$

図表1-9　一般的度数分布表

このとき全部のデータ数 n は度数の合計に等しいので，

$n = f_1 + f_2 + \cdots + f_r$ である。したがって，xf は各階級の合計値であり，最下段の総合計は全データの合計値となる。平均 $\bar{x}$ は（階級値×度数）の合計（すなわち階級値と度数の積和）を度数の合計 n で割る。まとめて記述すると

$$\bar{x} = \frac{1}{n} \sum_{i=1}^{r} x_i f_i \tag{1.14}$$

となり

$$n = \sum_{i=1}^{r} f_i \tag{1.15}$$

21

である。また式（1.14）は

$$\bar{x} = \sum_{i=1}^{r} x_i \frac{f_i}{n} \tag{1.16}$$

と変形できる。これは相対度数 $\frac{f_i}{n}$ を加重とする x_i の加重平均とみることができ，第2章で述べる確率分布の平均（期待値）の定義に対応する。なお一般に，x_i の加重が w_i（$w_i \geq 0$，$\sum_{i=1}^{r} w_i = 1$）であるときの加重平均は

$$\bar{x} = \sum_{i=1}^{r} x_i w_i \tag{1.17}$$

である。

【問題】　図表1-2の度数分布表を使って，平均を求めなさい。

（解答）　$55 \times \dfrac{2}{15} + 65 \times \dfrac{4}{15} + 75 \times \dfrac{5}{15} + 85 \times \dfrac{3}{15} + 95 \times \dfrac{1}{15} = 73$

平均は73　（個別に計算したものと一致）。

(2)　分散の計算

分散の計算のために，図表1-9の階級ごとに，平均値と階級値との偏差 $x - \bar{x}$ 欄と，この偏差を2乗したものに度数を掛けたもの $(x - \bar{x})^2 f$ の欄を追加して図表1-10とする。

第1章　データの性格を知る

階級値 x	度数 f	xf	$x - \bar{x}$	$(x - \bar{x})^2 f$
x_1	f_1	$x_1 f_1$	$x_1 - \bar{x}$	$(x_1 - \bar{x})^2 f_1$
x_2	f_2	$x_2 f_2$	$x_2 - \bar{x}$	$(x_2 - \bar{x})^2 f_2$
$\cdot$	$\cdot$	$\cdot$	$\cdot$	
$\cdot$	$\cdot$	$\cdot$	$\cdot$	
x_r	f_r	$x_r f_r$	$x_r - \bar{x}$	$(x_r - \bar{x})^2 f_r$
合計	n	$\sum x_i f_i$	－	$\sum (x_i - \bar{x})^2 f_i$

図表 1-10　分散の計算表

　最後の欄 $(x - \bar{x})^2 f$ の合計は，全データの偏差の2乗と度数との積和であるので，これを全データ数で除すると分散 $s_x{}^2$ が計算される。

$$s_x{}^2 = \frac{1}{n} \sum_{i=1}^{r} (x_i - \bar{x})^2 f_i \tag{1.18}$$

したがって標準偏差 s_x は

$$s_x = \sqrt{\frac{1}{n} \sum_{i=1}^{r} (x_i - \bar{x})^2 f_i} \tag{1.19}$$

【問題】　図表1-3の度数分布表を使って分散を求めなさい。

（解答）　平均73を使い

$$s_x{}^2 = \frac{1}{15} \{(55-73)^2 \times 2 + (65-73)^2 \times 4 + (75-73)^2 \times 5 + (85-73)^2 \times 3$$

$$+ (95-73)^2\} = 122.7$$

　分散は約 122.7　（個別に計算した厳密解とは一致していない）。

23

【問題】 図表1-3の度数分布表を使って標準偏差を求めなさい。

（解答） 上の問題の分散122.7を使い $s_x = \sqrt{122.7} = 11.1$

標準偏差は約 11.1 （個別に計算した厳密解とは一致していない）。

前節で述べたように，分散は式（1.8）だけではなく，簡便法（1.9）によっても計算できる。図表1-10 に x_i^2 欄を加えると，次式（1.20）から分散を計算することができる。

$$s_x{}^2 = \frac{1}{n} \sum_{i=1}^{r} x_i{}^2 f_i - \bar{x}^2 \tag{1.20}$$

また，標準偏差は

$$s_x = \sqrt{\frac{1}{n} \sum_{i=1}^{r} x_i{}^2 f_i - \bar{x}^2} \tag{1.21}$$

2　次章以降への考察　確率分布理解への準備

第1章ではデータの集まりを「度数分布」としてとらえ，平均・分散・標準偏差などを定義した。もしここで ①対象データすべてに「一定の数値が加わり階級値がそれぞれ1ランクずつ上がったら」，また ②「数値が一律に2倍になり，やはり階級値が上がったら」分布型がどのように変化し，また平均や分散はどのように影響を受けるかを考えてみる。第1章の総復習と，第2章以降で取り上げられる様々な「分布型」についての準備，特に分布の標準化や加法性などの理解に役立つと思われる。

実際に階級値を変えることにより，結果を容易に得ることができる。読者各自の確認をお願いしたい。

①は加算する方向（この場合右方向）にヒストグラムがそのまま平行移動する。しかし分布の形は，まったく変わらない。したがって平均は加算された分だけ増え，分散は変わらない。一般に元のデータを x，新しいデータを x'，加算の

第1章　データの性格を知る

数を a とすると

$$\bar{x}' = \bar{x} + a \tag{1.22}$$

$$s_x'^2 = s_x^2 \tag{1.23}$$

②は当然，平均も2倍になっているはずである。階級値は，階級値が小さいものよりも大きいものの方が大きくなるので，分布の幅は広がる。広がりは偏差を2乗しているので，2乗分大きくなる。したがって一般に

$$\bar{x}' = 2\bar{x} \tag{1.24}$$

$$s_x'^2 = 4s_x^2 \tag{1.25}$$

[練習問題] （解答例は第5章および出版社 HP を参照いただきたい）

図表1-11は90人の学生のテスト結果をまとめたものである。10点ごとに区分した度数分布表を作成し，平均，分散，標準偏差を求めなさい。

69	30	70	90	86	36	66	90	57	100	96	84	20	58	80	82	62	73
71	56	47	80	76	44	100	10	90	79	66	91	85	82	80	90	75	95
70	89	50	80	76	48	66	69	86	66	80	70	86	83	86	64	66	82
62	52	38	86	76	86	50	76	58	76	82	77	80	59	90	54	86	59
38	54	30	78	56	89	20	87	20	66	72	58	90	36	68	69	97	92

図表 1-11　90人の学生のテスト結果　　　　データ（点数）

第2章　不確かさを合理的に扱う
−確率論の活用−

　本章では，後続の第3章「データから全体を知る」，第4章「複雑なデータの構造を読み解く」を理解するために重要な概念である，確率，確率変数と確率分布を紹介する。数値全体の性質を説明する記述統計は手元にあるデータをすべての対象として分析するが，推測統計は一部のデータからその背後にあるデータ全体を「推測」する。そのため分析対象となるデータ（標本）のとり方（抽出），また分析方法により結果に差（誤差）が生じる危険があるので考慮が必要となる。

　先ずは第1章で扱った，データの集まりを整理したヒストグラムを思い出していただきたい。その中で，データ全体に対する割合を相対度数といい，相対度数に対応するヒストグラムもあると紹介した。ここで全体の度数を「1」とし，各相対度数をパーセントで表すと，一種の確率の概念が入ったことになる。このようにすると，第1章でみた平均や分散の扱い，あるいはデータの抽出といった手続きが合理的に規定されるようになる。

　もともと確率論と統計学の結びつけは，18世紀初めの年金論，あるいは天然痘の死亡率の計算などで試みられ，以降，抽出統計や特に20世紀に入ってからの推測統計学の発展に大いに寄与した。

　ここでは確率に関する基礎知識のほか，それに関わる確率変数や確率分布の概念について紹介する。

第1節　確　　　率

　ある現象があらゆる時間，空間の場合においても同じように発生するかについて，確率を用いての説明が要求されることが少なくない。例えば翌日に特定

の地域で雨が降る確率，翌年の10月に台風が日本に上陸する確率などである。1個のサイコロを投げることを例とすると，サイコロを投げて出る目の数値は1，2，3，4，5，6のいずれかで，どの目（数値）が出るかは**無作為**（意図がない偶然）の結果である。そしてサイコロを同じように反復して投げて，1回目に投げたのと同様に無作為の結果を観測する。このように同じように反復して投げることを**試行**（観測），出た目の結果を**事象**，全体の目（事象）の中でその目（事象）が出る割合を**確率**と呼んでいる。

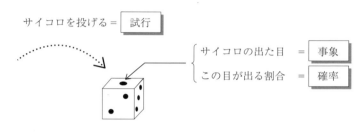

図表2-1 試行と事象，確率（サイコロの例）

一般に確率といった場合，以下のように定義される。

1　確率の定義

確率とは，ある事象が発生する場合の数を分子にし，発生が考えられる事象全体の数を分母とした割合である。この考えは古く17世紀にさかのぼり，パスカルがゲームを対象にして生みだしたといわれている。これは古典的確率とも呼ばれている。

$$確率 = \frac{当該の事象が発生する場合の数}{全体の場合の数} \qquad (2.1)$$

このとき，出現する可能性の割合は同じであるとする前提があり，これを等価性の原理という。等価性の原理とは，サイコロのようにいずれの目もその出現の可能性は等しい（equally likely：同様に確からしい）と期待されることをいう。

第2章　不確かさを合理的に扱う

このとき，例えば奇数の目の出る確率は，奇数（1，3，5）の目の出る場合の数＝3，全体の場合の数＝6であるので，3／6＝1／2と求められる。

　等価性の前提はある意味で古典的確率論の弱点である。これを補う考え方が相対度数の極限という考え方であり，多数回の反復を伴う試行が可能な場合に定義できる。相対度数は試行回数が増加するに従って一定値に近づく（これをある一定数に**収束する**という）。

　例えば「サイコロを投げる」という試行を反復して行うと，最初はある特定の目が多めに出ることがあるが，ずっと反復し続けるといずれの目も出る相対度数が1／6に近づく。この相対度数の極限を確率とし，経験的確率，あるいは統計的確率と呼ぶ。しかし，この定義にも試行を無限回繰り返さなければならないという弱点がある。

　その後20世紀に入り，各種数学的側面からサポートされた近代確率論が出現した。ここでは，事象 X の関数 $\mathrm{P}(X)$ が

①　任意の事象 X に対して $0 \leq \mathrm{P}(X) \leq 1$

②　全事象を Ω とするとき，$\mathrm{P}(\Omega) = 1$

③　事象 A と B が相互に排反（重複する事象が無い）ならば，

$$\mathrm{P}(A \cup B) = \mathrm{P}(A) + \mathrm{P}(B)$$

のすべてを満たすとき，関数 $\mathrm{P}(X)$ を**確率**と呼ぶ。なお，①～③の意味については，次項を参照いただきたい。次項では，基本的な事象を集合の考え方でまとめ，確率の計算方法について説明する。ちなみに，集合とは，明確に他と区別できるものの集まりであり，例えば「1から10までの素数の集まり」，「{2，3，5，7}」などと定義する。

POINT！

確率とは…

• ある事象が発生する場合の数を分子，発生が考えられる事象全体の数を分母とした割合を**確率**と呼ぶ

29

2 確率の計算

(1) 根元事象，複合事象と集合

試行の結果起こる事柄が事象である。このとき，それ以上分割できない最小限の単位となる事象を**根元事象**（または要素）といい，根元事象がいくつか集まったものを**複合事象**という。再びサイコロの例でいえば，サイコロを1回投げる場合，出る目の数が「1である」という事象は根元事象であり，「奇数（1, 3, 5のいずれか）である」というのは複合事象である。これを事象の集合の観念で考えると，すべての根元事象から構成された集合を集合Aとした場合，複合事象は集合Aの部分集合ということになる。ちなみに根元事象を1つも含まない集合を空集合といい，Φで表す。そして空集合を含めて思考や議論の及ぶ最大の結果全体を表す集合を標本空間（全集合）といい，Ωで表す。これらの関係を図表2-2で表す。

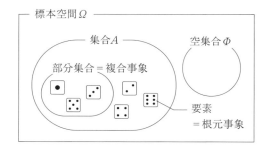

集合：明確に他と区別できるものの集まり
根元事象（要素）：それ以上分割できない最小限の単位となる事象
複合事象（部分集合）：根元事象がいくつか集まったもの
空集合（Φ）：根元事象を1つも含まない集合
標本空間（Ω）：空集合を含めて思考や議論の及ぶ最大の結果全体を表す集合

図表2-2　根元事象と複合事象，標本空間の概念図
（サイコロの出る目の例）

(2) 集合間の演算と複合事象の確率

特定の事象(複合事象が多い)の確率を算出するとき,和事象,積事象に対応する集合間の演算が必要となる。2つの部分集合A,Bを例として,積事象,和事象を定義し,積事象,和事象それぞれの確率の計算方法を以下に記す。

積事象$A \cap B$:集合A,集合Bのいずれにも属する要素の集まり

和事象$A \cup B$:集合Aか集合Bのいずれかに属する要素の集まり

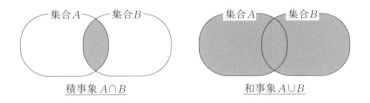

図表2-3　積事象と和事象のイメージ(塗りつぶし部分が該当)

集合Aの発生する確率を$P(A)$,集合Bの発生する確率を$P(B)$とすると

積事象$A \cap B$の確率は

$$P(A \cap B) = P(A)P(B \mid A) = P(B)P(A \mid B) \tag{2.2}$$

である。式(2.2)は確率の乗法定理と呼ばれる。この成立については次項を参照いただきたい。

和事象$A \cup B$の確率は

$$P(A \cup B) = P(A) + P(B) - P(A \cap B) \tag{2.3}$$

となる。式(2.3)は確率の加法定理と呼ばれる。また,$A \cap B = \Phi$(空事象)のとき,集合AとBは互いに**排反(排反事象)**であるという。このとき和事象$A \cup B$の確率は

$$P(A \cup B) = P(A) + P(B) \tag{2.4}$$

である。

(3) 条件付き確率と統計的独立性

標的とする特定の事象Aが先行する事象Bの下で発生するときの確率（事象Bが発生した後に事象Aが発生する確率）を知りたいとする。このときの確率を**条件付き確率**といい，$P(A \mid B)$と表記して「事象Bが与えられた時の事象Aの条件付き確率」ということを意味する。

例えば「明日の野球大会は，今日も明日も雨が降らなければ実施する」という場合，事象Aは明日に雨が降らないこと，事象Bは今日雨が降らないこととすると，今日雨が降らない場合に明日の野球大会を実施する条件付き確率は以下のとおりとなる。

$$P(A \mid B) = \frac{P(A \cap B)}{P(B)} \tag{2.5}$$

　　$P(A)$：明日雨が降らない確率

　　$P(B)$：今日雨が降らない確率

ここで，$P(A \cap B)$は上述の事象Aと事象Bの積事象の確率であり，**同時確率**とも呼ばれる。また$P(B)$は他の事象に関係なく発生する事象Bの確率であり，事象Bの**周辺確率**ともいう。同様に，$P(A)$を事象Aの周辺確率という。また，式(2.5)の分母をはらった式と，その式のAとBを入れ替えた式より，式(2.2)が得られる。

事象Aの生起の確率が事象Bの生起の状況に影響されないとき，すなわち，$P(A \mid B) = P(A)$であるとき，式(2.2)は

$$P(A \cap B) = P(A)P(B) \tag{2.6}$$

となる。この式が成立するときは，事象Aと事象Bが**統計的独立性**を有する（事象Aと事象Bは独立である）という。事象Aの生起の状況が事象Bの生起の確率に影響を及ぼさないときも同様である。

第2章　不確かさを合理的に扱う

> **POINT！**
> **確率の計算をするには…**
> ● 事象のまとまりである集合の概念を活用し，その集合が発生する割合（確率）の
> ほか，積事象や和事象としての確率も計算できる
> ● 標的とする特定の事象が先行する事象の下で発生するときの確率を**条件付き確率**
> という

第2節　確率変数

1　確率変数とは

　前節において，事象の種類とその発生する確率の意味，そして計算方法を紹介した。とり得る値の各々に対して，確率が対応している変数を**確率変数**という。例えば，サイコロを1個投げた時に出た目の数やサイコロを2個投げた時に出た目の総和はそのまま確率変数として表現できるほか，サイコロを投げた際に「1の目が出る」という事象を1，「1の目が出ない」という事象を0とした確率変数の表現もできる。なお確率変数の値と，それに対応する確率との対応関係を**確率分布**，または単に**分布**という。これらについては次節で詳しく説明する。

　確率変数は通常，X，Y，Zなど大文字を用い，「確率変数X」といった形で表現する。ちなみに，確率変数の**実現値**（試行の結果得られた数値）についてはx，y，zと小文字で表すのが通常である。

サイコロを1個投げた時に出た目

事象	1の目	2の目	3の目	4の目	5の目	6の目	総和
確率変数X	1	2	3	4	5	6	
確率P(X)	$\frac{1}{6}$	$\frac{1}{6}$	$\frac{1}{6}$	$\frac{1}{6}$	$\frac{1}{6}$	$\frac{1}{6}$	1

サイコロを1個投げた時に出た目

事象	1の目が出る	1の目が出ない	総和
確率変数 X	1	0	
確率 P(X)	$\frac{1}{6}$	$\frac{5}{6}$	1

図表2-4　確率変数の設定例と確率

POINT！

確率変数とは…

- とり得る値の各々に対して，確率が対応している変数を**確率変数**という
- 確率変数の設定パターンは様々であり，必要な確率に応じた確率変数の設定を行う

2　離散型確率変数と連続型確率変数

　確率変数は，**離散型確率変数**と**連続型確率変数**の2つの種類に大きく分けられる。この2種類は，変数の取りうる値の状態によって区別されている。変数の取りうる値がとびとびで離れている場合，例えばサイコロの目のように整数値のみをとるような場合を離散型確率変数という。一方連続型確率変数は，変数の取りうる値が連続して繋がっている場合である。身長のように連続値をとる場合がこれに相当する（図表2-5）。この確率変数が離散型か連続型かによって，次項で説明するように，データ解析の手法が異なるので注意が必要である。

POINT！

離散型確率変数と連続型確率変数

- 整数値のみをとるような不連続な確率変数を**離散型確率変数**という
- 変数の取り得る値が連続して繋がっている確率変数を**連続型確率変数**という
- 確率変数が離散型か連続型かによって，データの解析手法が異なる

第2章　不確かさを合理的に扱う

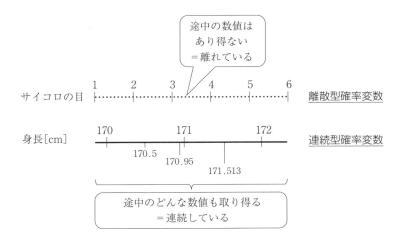

図表 2-5　離散型確率変数と連続型確率変数の例

3　確率変数の性質

(1)　確率変数の平均と分散

第1章で述べたデータの分布と同様に，確率変数Xの状態を表す分布においても，平均と分散の扱いは重要である。確率変数の場合は，平均を**期待値**とも呼び$E(X)$で表すことがある。また分散は$V(X)$で表す。

平均と分散の計算は，第1章での計算方法との関連で容易に理解できる。確率分布は前述の定義のとおり「確率変数とそれに対応する個々の確率」から成り立っている。これは第1章の「階級値と相対度数との関係」を表す度数分布表と一致している。したがって，平均は第1章の式（1.16）と同様の，確率変数Xのとり得る値と，その対応する確率$P(X)$との積和によって算出される。

一方分散は第1章の式（1.18）と同様に，「確率変数Xのとり得る値と期待値との差の2乗値と，その対応する確率$P(X)$との積和」である。簡便法として，これも第1章の式（1.20）に対応する「確率変数Xのとり得る値の2乗の平均から，期待値の2乗を引いたもの」でも計算できる。

(a) 離散型確率変数の場合

期待値は，確率変数がとりうるi番目の値をx_i，その確率を$\mathrm{P}(X = x_i)$として

$$\mathrm{E}(X) = \sum_i x_i \times \mathrm{P}(X = x_i) \tag{2.7}$$

によって求められる。これを用いて，サイコロを投げた際に出る目の平均を求めてみる。図表2-4より，確率変数は$X = 1, 2, 3, 4, 5, 6$であるので，離散型確率変数の場合の式にこれらを代入して3.5という値を得る（式 (2.8)）。3.5という数値はサイコロを投げて出る目としては存在しないが，統計学的には平均，あるいは期待値ということになる。

$$\mathrm{E}(X) = \sum_i x_i \times \mathrm{P}(X = x_i)$$

$$= \left(1 \times \frac{1}{6}\right) + \left(2 \times \frac{1}{6}\right) + \left(3 \times \frac{1}{6}\right) + \left(4 \times \frac{1}{6}\right) + \left(5 \times \frac{1}{6}\right) + \left(6 \times \frac{1}{6}\right)$$

$$= 3.5 \tag{2.8}$$

また分散（上記の簡便法を使用）は

$$\mathrm{V}(X) = \mathrm{E}(X^2) - \{\mathrm{E}(X)\}^2$$

$$= \frac{1^2 + 2^2 + 3^2 + 4^2 + 5^2 + 6^2}{6} - 3.5^2$$

$$\approx 2.92 \tag{2.9}$$

となる。もともとの定義式での計算でも確認していただきたい。

(b) 連続型確率変数の場合

平均値の概念は離散型の場合と同様に，確率変数のとり得る値と対応する確率の積和である。しかし連続型確率変数の場合，確率変数のとりうる値は無限

個あるので，離散型の場合のように総和は取れず，とりうる値に正の確率をつけると確率の和は無限大となってしまう。また，確率変数がぴったりある値をとる確率はゼロであるので，連続型のときは離散型確率$P(X)$を使えない。そこで確率密度関数を用いて，総和の代わりに定積分を用いる。**確率密度関数**とは，確率変数Xについて，$a \le X \le b$である確率が

$$\int_a^b f(x)\,dx \tag{2.10}$$

により表される関数$f(x)$のことである。したがって連続型確率変数の確率は，ある関数$f(x)$の$a \le x \le b$の範囲で求められる面積となる。

　確率密度関数$f(x)$は全範囲にわたって非負（0と正の値）であり，$f(x)$とx軸の間の全範囲にわたる面積は1（確率密度関数の全範囲にわたる定積分は1）である。すなわち，$f(x)$は

$$f(x) \ge 0, \quad \int_{-\infty}^{\infty} f(x)\,dx = 1 \tag{2.11}$$

を満たす。なお，この確率を面積で表す考え方も，第1章での相対度数分布のある階数（複数でもよい）の面積が相対度数を表すのと同じである。詳しくは次節の確率分布を参照願いたい。したがって，連続型確率変数の期待値は以下のとおりとなる。

$$\mathrm{E}(X) = \int x f(x)\,dx = m \tag{2.12}$$

　　x　：確率変数 Xの値

　　$f(x)$：確率密度関数

　同様にして，分散は以下のとおりである。

$$\mathrm{V}(X) = \int (x - m)^2 f(x)\,dx = \int x^2 f(x)\,dx - m^2 \tag{2.13}$$

上式の最右辺は「2乗の平均−平均の2乗」の形である。

POINT!	期待値とは…

- ある確率分布に従う確率変数の平均を**期待値**といい，確率変数が取る値を，確率によって加重した加重平均値である
- 確率変数の平均を求める式は離散型確率変数と連続型確率変数とで異なるように見えるが，前者は総和，後者は定積分を求める違いから生じる

(2) 確率変数の変換

第1章で，元のデータにそれぞれ一定数を加えたとき，また掛けたときに，度数分布の平均と分散がどのように変わるかを説明した。確率変数でも同様の結果を得る。

確率変数Xの平均と分散が分かっているとき，定数aとbを取り入れた新しい確率変数$Y = aX + b$の平均$E(Y)$は

$$E(Y) = E(aX + b) = a \sum_k x_k p_k + b \sum_k p_k \tag{2.14}$$

a，b：定数
p_k　：変数x_kに対応する確率

である。$\sum_k x_k p_k = E(X)$，$\sum_k p_k = 1$であるので

$$E(Y) = aE(X) + b \tag{2.15}$$

となる。同様に分散は$E(aX + b) = aE(X) + b$であるので，

$$V(aX + b) = \sum_k \{ax_k + b - (aE(X) + b)\}^2 p_k$$

$\{ax_k + b - (aE(X) + b)\}^2 = a^2(x_k - E(X))^2$なので

$$V(Y) = V(aX + b) = a^2 \sum_k (x_k - E(X))^2 p_k = a^2 V(X) \tag{2.16}$$

となる。

第2章　不確かさを合理的に扱う

(3) 確率変数の和と積の平均

確率変数がとる値と，それらに対応する確率の関係を表したものが**確率分布**である。そして2つの確率変数を同時に考慮する時は**同時確率分布**として扱うことができる。例えばX，Yそれぞれの確率分布が図表2-6（表の上部分）のようなとき，同時確率分布は図表2-6（表の下部分）となる。

X	x_1	x_2	
P	p_1	p_2	1

Y	y_1	y_2	
P	q_1	q_2	1

X＼Y	y_1	y_2	
x_1	p_{11}	p_{12}	p_1
x_2	p_{21}	p_{22}	p_2
	q_1	q_2	1

図表2-6　確率変数X，Yの発生する確率（同時確率分布）

ここでp_{ij}はx_iとy_jが同時に起きる同時確率$P(X=x_i, Y=y_j)$であり，

$$p_{i1}+p_{i2}=p_i,\ \ p_{1j}+p_{2j}=q_j\ (i, j=1, 2) \tag{2.17}$$

を満たす。図表2-6の下部分の右端の列のp_i，および最下端の行のq_jは**周辺確率分布**と呼ばれ

$$p_i=P(X=x_i),\ \ q_j=P(Y=y_j) \tag{2.18}$$

である。これらは互いに他の確率変数に関係なく成り立つ確率分布である。

次にこれらを活用して，確率分布の和と積について考えてみる。前例と同様に，それぞれの確率変数がとる確率は単純に2つとしている。$X+Y$は，それぞれの確率変数のとり得る値の合計になるので，値は$x_1+y_1, \cdots, x_2+y_2$となる。したがって，和の確率分布は図表2-7のようになる。

39

$X+Y$	x_1+y_1	x_1+y_2	x_2+y_1	x_2+y_2	
P	p_{11}	p_{12}	p_{21}	p_{22}	1

図表 2-7　和の確率分布

この平均は，確率変数のとる値とそれに対応する確率の積和であるので

$$\mathrm{E}(X+Y) = (x_1+y_1)p_{11} + (x_1+y_2)p_{12} + (x_2+y_1)p_{21} + (x_2+y_2)p_{22}$$
$$= (x_1p_1 + x_2p_2) + (y_1q_1 + y_2q_2)$$
$$= \mathrm{E}(X) + \mathrm{E}(Y) \tag{2.19}$$

となる。途中の計算は略したが，式（2.17）を使って整理すると結果は容易に得られる。各自確認していただきたい。

また積 XY の確率分布は，和のときの値 $x_1+y_1, \cdots, x_2+y_2$ の代わりに $x_1y_1, \cdots, x_2y_2$ で構成される。したがって，

$$\mathrm{E}(XY) = x_1y_1p_{11} + x_1y_2p_{12} + x_2y_1p_{21} + x_2y_2p_{22} \tag{2.20}$$

である。他方

$$\mathrm{E}(X)\mathrm{E}(Y) = (x_1p_1 + x_2p_2)(y_1q_1 + y_2q_2)$$
$$= x_1y_1p_1q_1 + x_1y_2p_1q_2 + x_2y_1p_2q_1 + x_2y_2p_2q_2 \tag{2.21}$$

となる。これらは2つの確率変数間だけでなく，3つ以上のときでも成り立つ。したがって，一般に

$$\mathrm{E}(XY) \neq \mathrm{E}(X)\mathrm{E}(Y) \tag{2.22}$$

である。

$$\mathrm{E}(XY) = \mathrm{E}(X)\mathrm{E}(Y) \tag{2.23}$$

は，確率変数が互いに独立のときのみ成り立つ。次項はその理由の説明である。

第2章　不確かさを合理的に扱う

(4)　独立な確率変数

前節で，事象Aと事象Bとの間に式（2.6）

$$P(A \cap B) = P(A)P(B)$$

が成立するときは，事象Aと事象Bは独立であると定義した。独立な確率変数も同様に次のように定義される。確率変数XとYがあり$X = x_i$，$Y = y_j$となる同時確率がすべてのi, jに対して

$$P(X = x_i, Y = y_j) = P(X = x_i)P(Y = y_j) \tag{2.24}$$

を満たすとき，確率変数XとYは互いに**独立**という。したがって，確率変数XとYが独立のとき，すべてのi, jに対して

$$p_{ij} = P(X = x_i, Y = y_j) = P(X = x_i)P(Y = y_j) = p_i\, q_j \tag{2.25}$$

であるので，式（2.20）と式（2.21）は一致し，$E(XY) = E(X)E(Y)$である。なお，XとYが独立でないとき，両者は**従属**しているという。

POINT!　　　　　　　確率変数の性質

- 確率変数の性質として，以下のような式が成り立つ

$$E(aX + b) = aE(X) + b$$
$$V(aX + b) = a^2 V(X)$$
$$E(X + Y) = E(X) + E(Y)$$
$$E(XY) = E(X)E(Y) \ \cdots \ X と Y が互いに独立な確率変数の場合$$

第3節　確率分布

とり得る値の各々に対して，確率が対応している変数を確率変数と定義した。このとき，確率変数のとり得る値を反映する確率の対応の仕方に一定の決まりがある場合，これを確率変数の**確率分布関数**，あるいは単に**確率分布**という。

確率分布の表記の方法は確率分布表と確率分布図がある。確率分布表は確率変数と確率の対応を1つの表で示したもので，確率の数値の総和が1（すなわち100％）になる。確率分布表は各々の変数に確率が対応している離散型確率変数においてよく用いられる。それに対し，確率分布図は確率変数と確率の関係を図で示したもので，図示した確率分布の面積の総和が1（すなわち100％）となる。確率分布図では面積が確率に対応していることから，連続型確率変数の確率分布は確率分布図によって示すことが多い。

確率分布表

確率変数 X	1	2	3	4	5	6
確率 $P(X)$	$\frac{1}{6}$	$\frac{1}{6}$	$\frac{1}{6}$	$\frac{1}{6}$	$\frac{1}{6}$	$\frac{1}{6}$

生起確率の総和（総確率）＝1(100％)

確率分布図

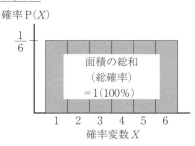

図表2-8　確率分布表と確率分布図（サイコロを投げた時に出る目の例）

第2章　不確かさを合理的に扱う

　上記の例でも明らかなように，確率変数のとり得る値は必ずどれかをとり，それらの値がとる確率の合計は1（100%）となる。したがって確率分布は，全体として1の確率が，変数のとり得るいろいろな値に配分される仕方を表すものといえる。この配分の仕方により分布特有の形状を持つことになり，統計学の運用にあたって重要な概念となっている。例えば図表2-8でのサイコロを投げる例では横一直線の形をとり，**一様分布**と分類される。

　以下，代表的な確率分布を紹介する。なお分布は確率変数との関係で定義されているので，確率変数に離散型と連続型があるように，分布にも同様な分類があることに注意していただきたい。分布は，本節の確率分布と次節の標本分布の双方を含んでいる。

POINT！　　　　　　　　確率分布とは…

- 確率変数のとり得る値を反映する確率の対応の仕方を示した関数を**確率分布関数（確率分布）**という
- 確率の数値の総和は1（すなわち100%）になる
- 確率変数と確率の対応を1つの表で示したものを**確率分布表**という
- 確率変数と確率の関係を図で示したものを**確率分布図**という

1　二項分布

事象の結果が，

①　例えば成功と失敗の2つしかない

かつ

②　試行の結果が次の試行の結果に影響を与えない独立した試行

を反復して行ったときに現れる確率分布を**二項分布**という。これは離散型の代表的な確率分布の1つである。例えば，コインを繰り返し投げた結果の確率分布などが挙げられる。

　一般に，1回の試行である事象が起こる確率をpとし，この独立な試行をn

回繰り返すとき，ある事象の起きる回数をXとすると，$X = k$である確率$P(X = k)$は次のとおりとなる。

$$P(X = k) = {}_nC_k \times p^k \times (1 - p)^{n-k} \quad (k = 0, 1, 2, \cdots, n) \qquad (2.26)$$

${}_nC_k$：n個の中からk個を選ぶときの組合せ数

したがって，Xの確率分布は図表2-9のようになる。

X	0	1	$\cdots$	k	$\cdots$	n	計
$P(X)$	q^n	${}_nC_1 pq^{n-1}$	$\cdots$	${}_nC_k p^k q^{n-k}$	$\cdots$	p^n	1

※$q = 1 - p$

図表2-9　二項分布の確率分布表

また，平均，分散は下記のとおりである。

$$E(X) = np$$
$$V(X) = np(1 - p) \qquad (2.27)$$

一般に，確率pをもつ事象に関する試行をn回行い，確率変数Xが二項分布になるとき「確率変数Xは二項分布$B(n, p)$に従う」といい，$X \sim B(n, p)$と記す。

POINT!　　　　　　　　　　**二項分布とは…**

・事象の結果が2つしかなく，かつ独立した試行を反復したときに現れる確率分布を**二項分布**という
・例えば，コインを繰り返し投げた結果の確率分布などが挙げられる

2　ポアソン分布

非常に稀にしか発生しない事象の確率を考えるとき，適用される確率分布が**ポアソン分布**である。ポアソン分布はフランスの数学者であるポアソン（1781-

1840）が提唱した確率分布で，「ある国の兵士が１年間を通して馬に蹴られて死ぬ数がポアソン分布に従う」といった古典話で紹介される。現在では「一定期間での不良品や飛行機事故の発生件数など希少な現象の確率」を求める場合にポアソン分布が有用である。

　不良品や事故は，発生するか，あるいは発生しないかの２者択一で，二項分布で扱われるべき事象である。後者の例では，１日を短くきざむと，各きざみにおいては１件の事故が発生するかしないかのどちらかになると考えるのが合理的である。ところが１日に頻繁に飛んでいる飛行機の中で事故が発生することは稀なことである。事故を起こす確率 p は極めて低く，反対にきざみの数 n は大きいので，二項分布の確率式は使い勝手が悪い。ここにその近似法として登場するのがポアソン分布である。ちなみに近似法として，p が小さいときにポアソン分布，それ以外のときには，この後すぐに扱う正規分布がよく知られている。

　ところで二項分布の平均は np であった（式2.27）。ここで $\lambda = np$ とすると飛行機事故の例では「λ は１日に発生する平均事故件数」の意味となる。１日に発生する事故の回数を確率変数 X とすると，k 回発生する確率はポアソン分布に従い，以下の式で表される。

$$\mathrm{P}(X = k) = \frac{e^{-\lambda} \lambda^{k}}{k!} \tag{2.28}$$

　　e：ネイピア数（自然対数の底として用いられる数値　2.718…）

　　$k!$：k の階乗（k 以下のすべての自然数の積）

　式（2.28）は，二項分布の式（2.26）から $\lambda = np$ を一定とし，n を無限大，p を限りなく０（ゼロ）に近づける極限分布として求められるが，ここでは扱わない。確率変数 X がパラメータ λ のポアソン分布に従うとき，$X \sim \mathrm{P}(\lambda)$ と表記される。

　またポアソン分布の平均 $\mathrm{E}(X)$ と分散 $\mathrm{V}(X)$ はいずれも λ となる。これも結果だけを示すが，直観的には次のように考えると分かりやすい。

平均 $\mathrm{E}(X)$: 二項分布の平均は np であり

ポアソン分布算出の条件 $n \rightarrow$ 無限大

$p \rightarrow 0$ を適用しても，その値は変わらない。

$\lambda = np$ なので $\mathrm{E}(X) = \lambda$

分散 $\mathrm{V}(X)$: 二項分布の分散は $np(1-p)$ であり

$p \rightarrow 0$ なので $\mathrm{V}(X) = \lambda$

実用的な観点からすると，試行回数が100以上，かつ出現確率が5％以下であれば，二項分布はかなり正確にポアソン分布に近似する。

POINT！

ポアソン分布とは…

- 非常に稀にしか発生しない事象の確率を考える際には**ポアソン分布**が適用される
- 例えば，一定期間での不良品や飛行機事故の発生件数など希少な確率を求める際に有用である

3　正　規　分　布

日常の出来事の多くは**正規分布**をしているとみなされ，また正規分布は後述の優れた性質をもっている。そのため多様な確率分布の中でもその実用性の高さで，正規分布は最も重要な分布として位置づけられる連続型分布である。今から約200年前にドイツの数学者・物理学者ガウスが，「正規分布－誤差の関係」の研究で貢献したので，**ガウス分布**，あるいは誤差分布ともいわれる。

(1)　正規分布の概要

(a)　確率変数 X は，次の確率密度関数で表される。

$$f(x) = \frac{1}{\sqrt{2\pi}\sigma} e^{-\frac{(x-\mu)^2}{2\sigma^2}} \tag{2.29}$$

μ：平均値　　　σ^2：分散　　　π：円周率　　　e：ネイピア数

(b) 左右対称で頂点を1つもつ，釣鐘形をしている
(c) 標準偏差σによって頂点の高さが変化し，σが大きくなるほど分布が横に広がり平坦な形状になる
(d) 平均μと分散$σ^2$の2つの母数で規定されるので，確率変数Xが正規分布にしたがうことを$X \sim N(μ, σ^2)$と表す
(e) 横軸を平均μから両方向に標準偏差σ分で区切る（±σ，±2σ，±3σ）と，区切った部分の分布曲線より下の面積（確率）は図表2-10に示すように，平均μと分散$σ^2$の大きさにかかわらず，一定の数値となる。これは「データ全体の平均μと散らばりの度合いσ^2（または標準偏差σ）が分かれば，任意のある値は適切な計算を経て，相対的にデータ全体の中でどの位置にあるかが分かる」ことを示唆している。この特性が正規分布を使用する利点の一つであり，詳しくは次項以降に順次説明する。

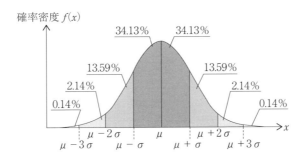

図表2-10　正規分布の面積（確率）

POINT!　　　　　　　正規分布とは…

- 左右対称で頂点を1つもつ釣鐘形の確率分布を**正規分布**といい，日常の出来事の多くは正規分布をしているとみなされる
- データ全体の平均μと散らばり度合い$σ^2$が分かれば，任意の値が相対的にデータ全体の中でどの位置にあるのかが分かる

⑵ 標準正規分布（z分布）

実務上で式（2.29）を実際に計算することは不可能である。しかし上記(e)が示す性質を使って標準化することができ，求める確率の数値は容易に手に入れることができる。その根拠となるものは，図表2-10に示した面積（確率）が平均 μ と分散 σ^2 の大きさにかかわらず一定の数値となる，ということである。

そこであらゆる形状の正規分布を平均 $\mu = 0$，標準偏差 $\sigma = 1$ となる新規の正規分布 N（0,1）に置き換える。この新しい分布を**標準正規分布**という。

このとき $\mu = 0$，$\sigma = 1$ とするので，式（2.29）は

$$f(z) = \frac{1}{\sqrt{2\pi}} e^{-\frac{z^2}{2}} \tag{2.30}$$

に置き換わる。

標準化された確率変数 X は一般に確率変数 Z で表記することから，標準正規分布のことを **z分布** とも呼ぶことがある。計算式（2.30）でも明らかなように，確率変数 X を標準化した確率変数 Z に換算する式は以下のとおりとなる。

$$確率変数 \quad Z = \frac{X - \mu}{\sigma} \tag{2.31}$$

μ：確率変数 X の平均
σ：確率変数 X の標準偏差

標準正規分布の概要は図表2-11のとおりである。

第2章　不確かさを合理的に扱う

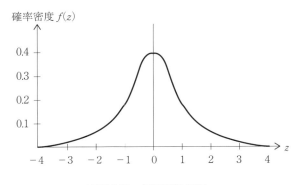

図表2-11　標準正規分布

標準形式で表した確率を，予め**標準正規分布表（z分布表）**でまとめておく。このようにすれば，変換式（2.31）でXはZに容易に変換できるので，任意の範囲の確率は読み取ることができる。ちなみに標準正規分布表（単に正規分布表とも呼ばれる）は，分布の右半分を対象（正規分布は左右対称のため）とし，平均0（ゼロ）から離れる位置（標準偏差の何倍離れるか）の確率を表示している。本書の巻末に，これから説明するt分布表などと併せて添付してある。この確率計算はExcelを利用して，さらに簡易に求めることができる。詳しくは第5章を参照いただきたい。

> **POINT!**　　　　　　　　　　標準正規分布とは…
> - 平均 $\mu = 0$，標準偏差 $\sigma = 1$ となる正規分布を**標準正規分布（z分布）**という
> - 正規分布の確率変数 X を標準化して確率変数 Z に変換することで，**標準正規分布表**を用いて任意の値が相対的にデータ全体の中でどの位置にあるのかを把握できる

(3) 二項分布の近似

またよく知られる性質として，二項分布との関係がある。「$B(n, p)$ は n が大きくなると，正規分布 $N(np, npq)$（$q = 1 - p$）に近づく」ことであり，記憶して

おくと都合がよい。

4　一様分布

サイコロを投げたとき出現する確率分布は，高さがフラットな形状をしていることを前に図示した。ここでは，社会現象としても稀ではない分布として，その性質を解析の観点でもう少し詳しく説明する。

確率変数 X の実現値は区間 $[a, b]$ 内（$a \leq X \leq b$）の任意の実数値で，その確率密度関数 $f(x)$ が以下の式で表されるときの確率分布を**一様分布**と呼ぶ。

$$f(x) = \frac{1}{b-a} \qquad (a \leq x \leq b \text{ のとき}) \tag{2.32}$$

$$f(x) = 0 \qquad (x < a, \, b < x \text{ のとき})$$

また，平均，分散は下記のとおりである。

$$E(X) = \frac{a+b}{2} \tag{2.33}$$

$$V(X) = \frac{(b-a)^2}{12}$$

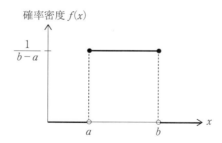

図表 2-12　一様分布の確率密度関数の分布曲線

上図より，全範囲にわたる確率密度関数と x 軸の間の面積が1である，すなわち $\int_{-\infty}^{\infty} f(x) = 1$ であることが容易に分かる。このように，一様分布の場合は

第2章　不確かさを合理的に扱う

$\int_{-\infty}^{\infty} f(x) = 1$ であることを容易に示せるが，他の分布の場合は容易ではない。なお一様分布には，連続型と離散型がある。

第4節　標本分布

1　標本分布の概要とその性質

　第1章では，身の回りにある数値をまとめ，数値全体の状況を理解する方法について学んだ。ここではさらに積極的に，入手した数値は本来もともと何らかの源から出たものと考える。そして源の状況を知るために，どのように数値をデータとして集め，まとめるかが主要テーマになる。したがってデータの信頼度を高め，適切に判断できる集め方・まとめ方が主目標となる。知りたい数値の源を母集団，また集めるデータを標本あるいはサンプルと呼ぶことは既に紹介した。ここは第3章への準備である。

　標本の関数として求められるものを**標本統計量**とか**統計量**という。一般に，標本の抽出は複数回繰り返され，またデータに偏りが起きないように無作為（ランダム）に行われる。このとき当然標本間で値に差が生じるが，これを**標本変動**という。標本が無作為標本であるとき，この標本変動は何らかの確率法則に従っていることが知られている。したがって統計量は確率変数であり，確率分布をもつ。この確率分布をその統計量の**標本分布**という。

POINT!　　　　　　　　　統計量の分布とは…
- 標本を複数抽出することによる標本間の値の誤差を**標本変動**という
- 統計量の確率分布を**標本分布**という

2　標本平均$\bar{X}$の分布
(1)　標本平均の分布
　正規分布をする母集団から大きさnの標本 $(X_1, X_2, \cdots, X_n)$ を抽出し，その

51

平均$\bar{X}$を求めるとする。

さて，確率変数X，Yが独立で，それぞれ正規分布$N(\mu_1, \sigma_1^2)$，$N(\mu_2, \sigma_2^2)$に従うとき，確率変数の線形結合$aX + \beta Y$は，正規分布$N(a\mu_1 + \beta\mu_2, a\sigma_1^2 + \beta\sigma_2^2)$に従うことが証明されている。証明はモーメント母関数を使用して行われる。この事柄を利用して，標本$X_1, \cdots, X_n$がそれぞれ独立に，かつ正規分布$N(\mu, \sigma^2)$に従う場合に，**標本平均**という統計量

$$\bar{X} = \frac{1}{n}(X_1 + X_2 + \cdots + X_n) \tag{2.34}$$

は正規分布

$$N\left(\mu, \frac{\sigma^2}{n}\right) \tag{2.35}$$

に従うことが導かれる。この事柄は母平均の検定問題や区間推定の問題で利用される。また，統計量の確率分布を，推測統計学の概念を強調するために，あえて統計学では**標本分布**という。

(2) **中心極限定理**

一般に標本平均$\bar{X}$の確率分布は，もとの母集団の形に依存することは想像に難くない。しかしながら，母集団が正規分布の場合は，そこから得られた標本による標本平均の分布も正規分布になる。

さらに，「母集団の形がどのようなものであっても母平均がμ，母分散がσ^2のときに，nが大きくなれば，標本平均$\bar{X}$の分布は正規分布$N\left(\mu, \frac{\sigma^2}{n}\right)$に近づく」ことが導かれており，これを**中心極限定理**と呼ぶ。

よって，統計量

$$Z = \frac{\bar{X} - \mu}{\frac{\sigma}{\sqrt{n}}} \tag{2.36}$$

第2章　不確かさを合理的に扱う

の確率分布は，nが大きくなるに従って，標準正規分布$N(0, 1)$に近づく。

多くの場合に，正規分布が使用できる根拠になっているものは中心極限定理である。

POINT!

中心極限定理とは…

- 母集団のどのようなものであっても母平均がμ，母分散がσ^2の場合に，nが大きくなれば$\bar{X}$の確率分布は近似的に正規分布に近づくことを**中心極限定理**という
- 中心極限定理は，多くの場合において正規分布を使用できる根拠となっている

3　t　分　布

t分布を含め，これから扱うカイ二乗分布，F分布は第3章の推定・検定問題で必要不可欠な連続型確率分布である。これらは，自由度という概念で規定されていることを念頭においていただきたい。

大きさnの標本$(X_1, X_2, \cdots, X_n)$から，未知の母分散を推測する統計量は

$$S^2 = \frac{1}{n-1} \sum_{i=1}^{n} (X_i - \bar{X})^2 \tag{2.37}$$

によって計算され，これを**標本分散**と呼んでいる。標本数から1を引いた数 $n-1$は**自由度**と呼ばれる数である。

母集団分散σ^2が未知で，かつ標本数が小さい推定・検定問題を論ずるときは，正規分布の代わりに新たに定める分布，**t分布**を使わなければならない。t分布は次の新たな統計量が従う標本分布である。母標準偏差 σのかわりに，標本分散S^2の正の平方根の**標本標準偏差S**を用いて

$$t = \frac{\bar{X} - \mu}{\frac{S}{\sqrt{n}}} \tag{2.38}$$

53

と定義される統計量tは**自由度$n-1$のt分布に従う**ということが証明されている。また、確率変数Xが自由度$n-1$のt分布に従うことを $X \sim t(n-1)$ と記す。

t分布の形状は図表2-13のように正規分布を横に広げた形をしており、自由度によりその形状が変化する。自由度が無限大のときは標準正規分布と同じになる。

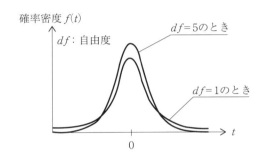

図表2-13　t分布の形状

標準正規分布の場合と同様に、自由度、確率と、それに対応するt値の関係はt分布表としてまとめられている。巻末にt分布表を付けているので参照していただきたい。

> **POINT!**　　　　　　　　　　　t分布とは…
> - 母分散σ^2が未知で、かつ標本数が小さいときの推定・検定問題では、正規分布の代わりに**t分布**を使用する
> - t分布の形状は標本数、自由度によって変化し、自由度が無限大のときに標準正規分布に一致する

4　カイ二乗分布（χ^2分布）

互いに独立に標準正規分布に従うk個の確率変数$Z_1, Z_2, \cdots, Z_k$をとったとき、

その2乗和である確率変数 χ^2 は

$$\chi^2 = Z_1^2 + Z_2^2 + \cdots + Z_k^2 \tag{2.39}$$

となって，**自由度 k のカイ二乗分布（χ^2分布）**に従う。

χ^2分布は，例えば独立の事象が均等の確率で起きるかどうかを検定するときなどに使用する分布として知られている。また区間推定における母分散の信頼区間の推定や適合度検定の際にも用いられる。χ^2分布は自由度によって分布曲線の形状が変化する（図表2-14）。

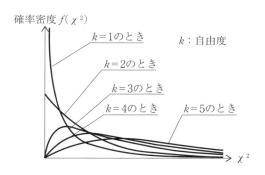

図表2-14 カイ二乗分布の形状

確率変数 X が自由度 k の χ^2 分布に従うとき，$X \sim \chi^2(k)$ と記される。

> **POINT!** 　　　　　　　カイ二乗分布とは…
> - **カイ二乗分布**は独立の事象が均等の確率で起きるかどうかを検定するときなどに使用する分布として知られている
> - 区間推定における母分散の信頼区間の推定や適合度検定などにおいても用いられる

5 F 分 布

確率変数Xと確率変数Yが互いに独立で、それぞれが自由度m, nをもつχ^2分布に従うとき、次の統計量は自由度(m, n)の**F分布**に従うという。

$$F = \frac{X/m}{Y/n} \tag{2.40}$$

一般に、確率変数Xが自由度(m, n)のF分布に従うとき、$X \sim F(m, n)$と記される。F分布は2つの集団のデータの散らばり度合いの大きさの比較など、分散分析などに使われる。第4章で扱われる回帰分析法においても、回帰係数の有意性検定などで利用される。また、F分布は2つの自由度mとnによりその形状が変化する。

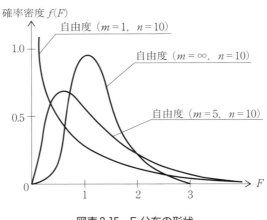

図表2-15 F分布の形状

F分布も分布表形式で自由度と確率が規定されれば、F値が分かるようにまとめられている。巻末に**F分布表**を添付しているので参照いただきたい。なお表では、分子は分母よりも大きくなるようにしてあるので、検定に利用する際には注意が必要である。

第2章　不確かさを合理的に扱う

> **POINT！**
>
> Ｆ分布とは…
>
> ・Ｆ分布は２つの集団のデータの散らばり度合いの大きさの比較など，分散の比較
> 　検定などに使われる
> ・Ｆ分布の形状は２つの自由度により変化する

57

第3章　データから全体を知る
－推定と仮説検定－

第1節　統計的推測とは

　統計的推測とは，母集団や統計モデルを規定する**母数**（パラメータ）を標本のデータから推定する**推測統計学**のことをいう。推定方法には，**点推定**，**区間推定**，**検定**がある。

　統計的推測は最初に「**母集団と標本**」という枠組みを設定する。そして，母集団を特定の確率分布によって規定することから始まり，統計的推測の対象である母数について，標本データに基づいて推定や検定を行う。本書では確率分布を規定する「母数は定数であるもの」として扱う伝統的な推測統計学を説明し，母数を確率変数として捉えるベイズ統計学には言及しない。統計的推測は**確率論**を利用する，確率論的意思決定である。最初に，母集団と標本の枠組みについて，次の例で慣れていただきたい。

例　ビール工場におけるビールの品質管理のためのデータ

　あるビール工場では，生産されたビールから30分おきに1瓶ずつ，1日合計16瓶を抜取って，ビールの（炭酸）ガス圧をチェックしている。その目的は，生産されたビールの品質に異常がないかを調べることである。このとき，母集団と標本は以下のようになる。

　母集団　そのビール工場でその日に生産されたビール全体のガス圧である。この場合，母集団は無限母集団とみなしてよい。それぞれのビールのガス圧を確率変数Xと表すと，Xが正規分布$N(\mu, \sigma^2)$に従うと仮定する。すなわち，

59

母集団を規定する確率変数Xが正規分布$N(\mu, \sigma^2)$に従うとすることで，母集団を明示的に表現する。

標本　標本は16本のビールの炭酸ガス圧データである。大きさ16の標本$(X_1, X_2, \cdots, X_{16})$の確率変数の組において，実際のデータ$(x_1, x_2, \cdots, x_{16})$によって母集団確率分布の母数を推論する。このように推測統計学では，データx_iは確率変数X_iの実現値と見なしている。

母集団確率分布には正規分布$N(\mu, \sigma^2)$を仮定するので，16本のビールのガス圧$X_i(i = 1, 2, \cdots, 16)$は，母集団$N(\mu, \sigma^2)$からの**無作為抽出（ランダムサンプリング）**によるもので，個々の標本X_iは互いに独立に正規分布$N(\mu, \sigma^2)$に従う。

POINT!　　　　　　　　　　推測統計学とは

- 母集団と標本という枠組みを設定する
- 母集団に特定の確率分布を仮定し，その確率分布を特定する未知の母数（定数，パラメータ）を標本のデータから推測する
- 推測する方法には，点推定，区間推定，検定がある

第2節　点　推　定

「母集団と標本」という枠組みで，標本平均と標本分散について述べる。母集団には推測統計学の数学的扱いの関係から，その構成要素数nを$n \fallingdotseq \infty$とする**無限母集団**を仮定することが多い。当然，母集団の平均である母平均やばらつきを測る母分散は未知の母数である。この未知なる母平均μや母分散σ^2を，母集団から**無作為抽出**により得られた大きさnの標本$(X_1, X_2, \cdots, X_n)$を用いて未知の母数を１つの値で推定するのが**点推定**である。ここで，標本$(X_1, X_2, \cdots, X_n)$はn個の確率変数の組であることに留意する。なお，未知の母数を推定するための標本$(X_1, X_2, \cdots, X_n)$の関数を**推定量**という。

60

さて，母平均を推定するための点推定量である標本平均$\bar{X}$を次のように定義する。

$$\bar{X} = \frac{X_1 + X_2 + \cdots + X_n}{n} \tag{3.1}$$

標本平均は確率変数であり，$i = 1, \cdots, n$として標本X_iは母平均μの母集団からの無作為標本で，かつ，母平均の定義から$\mathrm{E}(X_i) = \mu$が成立するので，標本平均と母平均の間には次の関係が成り立つ。すなわち

$$\mathrm{E}(\bar{X}) = \mu$$

が成立して，標本平均$\bar{X}$は母平均μの**不偏推定量**である。点推定量の期待値が母数に一致する**不偏性**という性質は点推定量になるための必要条件である。

さて，式$\mathrm{E}(\bar{X}) = \mu$が意味するところ，つまり，不偏性について考えてみる。母集団から大きさnの標本$(X_1, X_2, \cdots, X_n)$を繰り返し無作為抽出することを想定する。第i回目の大きさnの標本を$X_i = (X_{i1}, X_{i2}, \cdots, X_{in})$（$i = 1, 2, \cdots$）と書き，$i$回目の標本$X_i$から計算された標本平均を$\bar{X}_i$とする。$\mathrm{E}(\bar{X}) = \mu$が意味するところの不偏性とは，これらの標本平均$\bar{X}_1, \bar{X}_2, \cdots, \bar{X}_i, \cdots$により形成される標本平均の分布の平均が母平均$\mu$に等しくなることを意味し，標本平均が母平均の偏りのない推定量であることを主張している。

次に，大きさnの標本$(X_1, X_2, \cdots, X_n)$に対して

$$\frac{(X_1 - \bar{X})^2 + (X_2 - \bar{X})^2 + \cdots + (X_n - \bar{X})^2}{n - 1}$$

を，母集団の散らばり度合いを測る推定量である**標本分散**S^2として定義する。すなわち

$$S^2 = \frac{\sum_{i=1}^{n}(X_i - \bar{X})^2}{n - 1} \tag{3.2}$$

である。標本分散S^2と母分散σ^2の間にも$\mathrm{E}(S^2) = \sigma^2$という関係が成立することが証明可能であるので，$S^2$は$\sigma^2$の不偏推定量である。そこで，$S^2$を**不偏分散**とも呼ぶ。

標本分散の定義式(3.2)では，母平均μの推定量である標本平均$\overline{X}$が使用されており，n個の変数$X_1, X_2, \cdots, X_n$の間に

$$X_1 + X_2 + \cdots + X_n = n\overline{X}$$

という1個の制約式が存在するので，自由に値がとれる変数の数は$n-1$個になる。この$n-1$という数を偏差平方和$\sum_{i=1}^{n}(X_i - \overline{X})^2$の**自由度**という。標本分散の分母は$n$ではなくてこの自由度$n-1$にする。この理由は次のとおりである：母分散$\sigma^2$の定義は$\sigma^2 = \mathrm{E}(X - \mu)^2$であるから，

$$\sum_{i=1}^{n} \mathrm{E}(X_i - \mu)^2 = n\sigma^2$$

が成立する。しかし，未知の母数μをその推定値$\overline{X}$で置き換えると，

$$\sum_{i=1}^{n} \mathrm{E}(X_i - \overline{X})^2 = \mathrm{E}(\sum_{i=1}^{n}(X_i - \overline{X})^2) = (n-1)\sigma^2$$

となることが証明されていて，不偏推定量にするために$n-1$で偏差平方和を割るのである。

そして，観測データから計算できる標本平均値や標本分散値によって，未知の母平均や母分散を点推定するのである。

実際にn個の無作為標本としての（観測）データを得て，これを$(x_1, x_2, \cdots, x_n)$とする。すなわち$X_i = x_i(i = 1, \cdots, n)$であるとするとき，観測データ$x_i$を確率変数の標本$X_i$の**実現値**という。確率変数である標本平均$\overline{X}$とデータから計算される標本平均値$\bar{x}$はできるだけ区別しよう。また，標本$X_1, X_2, \cdots, X_n$による実数値関数

62

$$\mathrm{T}(X) = \mathrm{T}(X_1, X_2, \cdots, X_n)$$

を，一般に標本 $X = (X_1, X_2, \cdots, X_n)$ に基づく**統計量**という。したがって，式 (3.1) の標本平均 $\bar{X}$ や式 (3.2) の標本分散 S^2 は統計量である。統計量は確率変数であり，統計量の確率分布を**標本分布**と呼ぶこともある。

ところで，点推定量が満たすべき性質には

1. **不偏性**　2. **一致性**　3. **漸近正規性**　4. **有効性**

などがある。いま，θ を推測すべき母数とする。

① 不偏性とは，母数 θ の推定量 $\hat{\theta}$ が以下の条件をみたす性質をいう。すなわち

$$\mathrm{E}(\hat{\theta}) = \theta \tag{3.3}$$

である。例えば，標本平均 $\bar{X}$ は，母平均 μ の不偏推定量である。

② 一致性とは，標本の大きさが n のときに標本から推定できる推定量を $\hat{\theta}_n$ とすると，

任意の $\varepsilon > 0$ に対して

$$\lim_{n \to \infty} \mathrm{P}(|\hat{\theta}_n - \theta| < \varepsilon) = 1 \tag{3.4}$$

が成立する性質をいう。すなわち，標本の大きさ n を大きくすれば，それに伴って推定量が真の母数の値に近づく性質である。例えば，標本平均 $\bar{X}$ は，母平均 μ の一致推定量である。

③ またある母数に対して，2 つの不偏推定量 $\hat{\theta}_1, \hat{\theta}_2$ が存在し，前者が後者よりも分散が小さいとき，すなわち

$$\mathrm{V}(\hat{\theta}_1) < \mathrm{V}(\hat{\theta}_2) \tag{3.5}$$

が成立するとき「不偏推定量 $\hat{\theta}_1$ は $\hat{\theta}_2$ より有効である」という。有効性とは確率変数である不偏推定量の分散が，より小さいことを意味している。なお，分散が最小の不偏推定量は最小分散不偏推定量と呼ばれる。

点推定量を求める方法については**最小二乗法**や**最尤法**が代表的である。

POINT！
点推定量がみたすべき性質
- 不偏性
- 一致性
  例えば，標本平均は，上記の性質を備えている

第3節　区間推定

Neyman-Peason流の信頼区間の解釈に基づいて説明する。母集団が未知母数 θ の確率分布により規定されているとする。大きさ n の標本 $X = (X_1, X_2, \cdots, X_n)$ から，2つの統計量 $T_1(X)$，$T_2(X)$ を作る。

$$P(T_1(X) < \theta < T_2(X)) = 1 - a \quad (0 < a < 1) \tag{3.6}$$

が成立するとき，区間 $(T_1(X), T_2(X))$ を未知母数 θ の**信頼区間**といい，$1 - a$ を「**信頼係数**」という。信頼区間では「確率」という用語は適切ではないので，「信頼係数」という。なぜならば，母数 θ は確率変数ではないので，「θ がこの信頼区間に含まれる確率は $1 - a$ である」とはいえず，区間推定は「このようにして作られる区間群が θ を含む確率は $1 - a$ である」，「これらの区間群の $(1 - a) \times 100\%$ のものが θ を含む」ということを述べているにすぎないからである。さまざまな $\bar{x}$ に対する信頼係数95％の母平均 μ の信頼区間群を図表3-1に示す。これらの区間群の95％が μ を含んでいる。

第3章 データから全体を知る

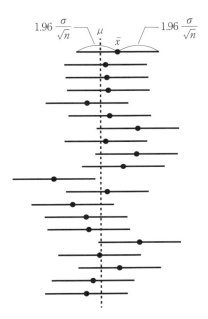

図表3-1　信頼係数95%の意味

1　母平均μ（母分散σ²既知あるいは大標本のとき）の信頼区間

母平均 μ，母分散 σ^2 の正規母集団からの標本平均 $\bar{X}$ は正規分布 $N\left(\mu, \dfrac{\sigma^2}{n}\right)$ に従う。したがって，標本平均 $\bar{X}$ の標準偏差は，

$$\sigma_{\bar{x}} = \frac{\sigma}{\sqrt{n}}$$

である。母分散 σ^2 が未知のときは $\sigma_{\bar{x}}$ の推定値は

$$\frac{s}{\sqrt{n}} \quad \text{（s は標本標準偏差）}$$

となり，これを $\bar{X}$ の**標準誤差**という。この標準誤差を用いて推定量の平均的誤差の大きさを評価できるので，これを利用して区間推定を行うことができる。

65

区間推定は、点推定と異なり一つの点ではなく、区間を用いて推定する。

さて、

$$\bar{X} \sim \mathrm{N}\left(\mu, \frac{\sigma^2}{n}\right)$$

が成立するので

$$\mathrm{P}\left(-z_{a/2} < (\bar{X} - \mu) / \frac{\sigma}{\sqrt{n}} < z_{a/2}\right) = 1 - a \tag{3.7}$$

となる。ただし、$z_{a/2}$ は標準正規分布の上側確率 $\frac{a}{2}$ 点である。$a = 0.05$ として、式(3.7)を変形すると

$$\mathrm{P}\left(\bar{X} - z_{0.05/2} \cdot \frac{\sigma}{\sqrt{n}} < \mu < \bar{X} + z_{0.05/2} \cdot \frac{\sigma}{\sqrt{n}}\right) = 0.95 \tag{3.8}$$

となる。実際に標本平均のデータである標本平均値 $\bar{x}$ を得たとき、区間

$$\left(\bar{x} - z_{0.05/2} \cdot \frac{\sigma}{\sqrt{n}}, \ \bar{x} + z_{0.05/2} \cdot \frac{\sigma}{\sqrt{n}}\right) \tag{3.9}$$

が母平均 μ に対する信頼係数 $(1 - 0.05) \times 100\% = 95\%$ の信頼区間である。

[例題1]

5000世帯について、1か月実収入を調べたら、標本平均値194,000円、標本標準偏差42,000円だった。信頼係数95％で母平均 μ の区間推定をしなさい。

$\bar{x} = 194000$, $n = 5000$, $\sigma = s = 42000$（この場合、大標本であるので標本標準偏差値が母標準偏差値に等しいと考えられるので $\sigma = s$ とできる）、$a = 0.05$ であり、巻末の正規分布表より $z_{0.05/2} = 1.96$ であるので、μ の95％の信頼区間は

第3章　データから全体を知る

$$194000 \pm 1.96 \times \frac{42000}{\sqrt{5000}}$$

すなわち，$192836 < \mu < 195164$ となる。

2　母平均 μ（母分散 σ^2 未知で小標本（$n < 30$）のとき）の信頼区間

正規母集団から大きさ n の標本を無作為抽出し，その標本平均を $\bar{X}$，標本標準偏差を S としたとき，前項の例題のように大標本の場合には，$\bar{X} \sim$ N$\left(\mu, \dfrac{S^2}{n}\right)$ とできた。ここで，正規母集団とは母集団確率分布が正規分布に従う無限母集団のことをいう。しかし，小標本の場合にはそうすることはできないので，2章で記述した

$$\frac{\bar{X} - \mu}{\frac{S}{\sqrt{n}}} \quad \sim \quad \mathrm{t}(n-1) \qquad （自由度 n-1 の t 分布を意味する）$$

の関係を利用しなければならない。統計量 $\dfrac{\bar{X} - \mu}{\frac{S}{\sqrt{n}}}$ は，σ が S に変わっただけで，もはや標準正規分布には従わないことに注意しよう。実際に標本平均値 $\bar{x}$，標本標準偏差 s を得たとき，母平均 μ の信頼係数95％の信頼区間は，式(3.9)において，$z_{0.05/2} = t_{n-1, 0.05/2}$，$\sigma = s$ と置いた区間

$$\left(\bar{x} - t_{n-1, 0.05/2} \cdot \frac{s}{\sqrt{n}}, \quad \bar{x} + t_{n-1, 0.05/2} \cdot \frac{s}{\sqrt{n}} \right) \tag{3.10}$$

である。

例題2

正規母集団から無作為抽出した大きさ8の標本は以下のとおりであった。

126.6, 126.1, 126.3, 126.7, 126.0, 125.7, 125.9, 125.9

母平均 μ を信頼度（信頼係数）95％で区間推定しなさい。

解答例は，上の公式（3.10）を使用し，母平均の95％信頼区間を求めると，t分布表より，$t_{7,0.025} = 2.365$であるので，$125.85 < \mu < 126.45$である。

3　母比率 p（大標本のとき）の信頼区間

マスコミではしばしば世論調査の内閣支持率やテレビ番組の視聴率が報道される。それは点推定値であるので，それがどの程度信頼できるのか，気になるところである。この点について視聴率を例に母比率の区間推定によって考えてみよう。

あるテレビ番組を視聴する（しない）という事象を確率変数Xが1（0）という値をとるとすると，$P(X = 1) = p$が母集団の視聴率となる。この母集団からn個（世帯）の標本を取り出してあるテレビ番組を視聴したか否か調べたところ，Y所帯が視聴したことが分かったとする。Yは二項分布に従うから，期待値と分散はそれぞれnp, $np(1-p)$となる。$\dfrac{Y}{n}$は母比率の推定量でもあるから，大標本のときは正規近似を用いて，

$$\frac{Y}{n} \sim N\left(p, \frac{p(1-p)}{n}\right)$$

が成立する。したがって，$\dfrac{Y}{n}$の実現値としてrを得たとすると，信頼係数95％の母比率pの信頼区間は式（3.9）において，$\bar{x} = r$, $z_{0.05/2} = 1.96$, $\sigma = \sqrt{p(1-p)}$と置いて，

$$\left(r - 1.96\sqrt{\frac{p(1-p)}{n}} , \ r + 1.96\sqrt{\frac{p(1-p)}{n}}\right)$$

を得る。しかし，この信頼区間には推定すべきpが含まれているので，このままでは信頼区間とはならない。しかし，大標本である故，pをその推定値rで置き換えても構わないと考えられる。したがって，信頼係数95％の母比率pの

信頼区間は

$$\left(r - 1.96\sqrt{\frac{r(1-r)}{n}} \ , \ \ r + 1.96\sqrt{\frac{r(1-r)}{n}} \ \right) \tag{3.11}$$

となる。マスコミで報道される視聴率のデータ数は関東地区で$n = 600$である。あるテレビ番組の視聴率が25.0%であったとすると，母比率の信頼係数95%の信頼区間は，式（3.11）より$21.5 < p < 28.5(\%)$である。

第4節 仮説検定

　近代統計学の父といわれる**R.A.フィッシャー**は，1912年にケンブリッジ大学を卒業後にロンドン郊外のロザムステッド農事試験場で，現在の統計的推測理論の基本的枠組みを構築し，分散分析や実験計画法などを確立した。土壌の化学組成や様々な種類の肥料の違いによってもたらされる農作物の収穫高の大小を判断するために，分散分析に代表される仮説検定法を構築したのである。

1　統計的仮説検定の考え方

　いま，実際に1つのコインを10回投げてみたら表が9回出たとしよう。このとき，このコインの表の出る確率pは$1／2$，すなわち，このコインは歪みのないコインとみなしてよいだろうか。そこで，

帰無仮説$H_0 : p = \dfrac{1}{2}$　（このコインは歪みがない）

が真であると仮定して，10回コイン投げを行い9回以上表が出る事象の確率$\mathrm{P}(X \geq 9)$を計算してみる。この仮説を帰無仮説H_0というのは，できるだけ無に帰したい，捨てたい仮説であるからである。

69

$$P(X = 9) = {}_{10}C_9 \left(\frac{1}{2}\right)^9 \left(\frac{1}{2}\right) = \frac{10}{1024}$$

$$P(X = 10) = {}_{10}C_{10} \left(\frac{1}{2}\right)^{10} = \frac{1}{1024}$$

したがって$P(X \geq 9) = \frac{10}{1024} + \frac{1}{1024} = 0.0107 < 0.05$である。ここでの$0.05$は「珍しさの基準を規定する確率」であり，これを**有意水準**という。つまり，$p = \frac{1}{2}$でコインに歪みがないと仮定すると，10回投げて9回以上表が出る事象の確率は，珍しさの基準の0.05よりも小さい確率であるので非常に珍しい事象ということになってしまう（なお，この確率の値0.0107を**P-value**とか**p値**というが，のちに説明する）。しかし，珍しい現象（事象）が起きたと考えるよりも，帰無仮説が間違っていると判定するほうが合理的判断であると見なすのが統計的仮説検定である。そして，

対立仮説$H_1 : p > \frac{1}{2}$　（このコインは歪んでいて表が出やすい）

が真と考えたほうがよいと判断する。このように仮説が真であるかどうかを，標本として得られたデータに基づいて判定する方法を**統計的仮説検定**という。統計的仮説検定は背理法と類似した論理で，その関係をまとめると次のようになる。

帰無仮説H_0が正しいとすると，H_0のもとではめったに起こらない珍しい事象Aが起こったことになってしまうので，帰無仮説を棄却する。一方，背理法では命題Hが真であると仮定するとそれからAという不合理が生ずる，だから，命題Hは偽であると判断する。

2　仮説検定を理解するための問題

例題3　母平均の検定問題

あるメーカーのA工場で生産されている電球の平均寿命時間は10,000時間であるとメーカーは主張していて，分散が100^2の正規分布に従うことが知られている。このメーカーの電球を400個無作為抽出して，その平均寿命時間を測定したら9,990時間であった。このメーカーのA工場で生産されている電球の

平均寿命時間は10,000時間であるという主張は正当であるか，有意水準５％で両側検定しなさい。

母集団と標本は具体的には，次のように設定される。

母集団　このメーカーのＡ工場が生産する電球全体の寿命時間である。そして，母集団を定める確率分布である電球の寿命時間は正規分布に従っているとする（正規母集団を仮定する）。また，母平均を μ とする。

標本　無作為抽出した400個の電球の寿命時間である。

両側検定であるので，次のように仮説設定をする。

H_0：$\mu = 10000$（時間）　（平均寿命時間が10000時間である）

H_1：$\mu \neq 10000$（時間）　（平均寿命時間が10000時間より短いか，長いかであり，

これを**両側検定**という。）

いま，H_0 が真である仮定した場合に寿命時間が9990時間以下である確率を求め，それが５％未満（この場合は両側検定であるので，$\frac{5}{2}$％＝2.5％未満）で起きる珍しい事象であるかどうかを判断する。

電球の寿命時間を確率変数 X とおいて，電球の平均寿命時間が10000時間であることを真であると仮定すると，$X \sim N(10000,\ 100^2)$ が成立する。このとき，大きさ400の標本平均 $\bar{X}$ は，正規分布 $N\left(10000,\ \frac{100^2}{400}\right) = N(10000, 5^2)$ に従う。標準化すると標準正規分布に従うから，$Z = \frac{\bar{X} - 10000}{5} \sim N(0,1)$ が成立して

$$P(\bar{X} \leq 9990) = P\left(\frac{\bar{X} - 10000}{5} \leq \frac{9990 - 10000}{5}\right) = P(Z \leq -2) = P(Z \geq 2)$$

$$= 0.0228 < 0.025 = P(Z \geq 1.96)$$

となる。H_0 を真であると仮定すると平均寿命時間が9990時間以下である確率は2.28％で，５％未満の珍しい事象に対応する。（注意　両側検定であるので，$\frac{5\%}{2} = 2.5\%$未満であれば，有意水準５％未満と判断できる）すなわち，$0.0228 < 0.025$であるので，有意水準５％で帰無仮説 H_0 は棄却でき，このメーカーで生

71

産している電球の平均寿命時間は10000時間ではないと判定できる。なお，上式における $\frac{9990-10000}{5} = -2$ は**検定統計値**，1.96は**棄却限界値**と呼ばれる。また，P-valueは両側検定であるので，P-value $= 2 \times \mathrm{P}(\overline{X} \leq 9990) = 0.0456$ である。検定は次のように定式化できる。

POINT!　　　　　　　　　　仮説検定（1）

- 検定統計値を T，棄却限界値を定数 C（ただし，$C > 0$）とすると
  $|\mathrm{T}| > C \;\Rightarrow\;$ 帰無仮説 H_0 を棄却して対立仮説 H_1 を採択する
- 統計ソフトウエア利用の際
  P-value ＜有意水準 $a \Rightarrow$ 帰無仮説 H_0 を棄却して対立仮説 H_1 を採択する

POINT!　　　　　　　　　　検定の手順

- 仮説を設定し，帰無仮説 H_0 と対立仮説 H_1 を明確化する
- 有意水準 a を決める。通常，$a = 0.05$，0.01を採用する
- 適切な検定統計量（検定方法）を使用する
  あるいは，統計ソフトウエアの的確な手順を選択・使用して仮説検定を実行する
- 検定結果を述べる

3　統計的仮説検定に関する注意事項

(1)　検定の対象，つまり，仮説は母集団を決める特性，すなわち，母集団確率分布を規定する確率（密度）関数の未知のパラメータに関する事柄に対して設定する。

(例1)　母集団分布がA大学の男子学生の身長分布で，それが正規分布に従うと見なせるとき，身長の確率分布である確率密度関数が

第3章　データから全体を知る

$$f(x) = \frac{1}{\sqrt{2\pi\sigma^2}} \exp\left\{-\frac{(x-\mu)^2}{2\sigma^2}\right\}$$

と書けるならば，この関数のパラメータ μ は母平均を意味するが，μ が検定の対象になる。仮説は，母数 μ について

　　　帰無仮説　H_0：$\mu = 170$　（cm）

　　　対立仮説　H_1：$\mu \neq 170$　（cm）

とする。「H_0：$\mu = 170$（cm）」はA大学の男子学生の平均身長が170cmであることを主張している。帰無仮説 H_0，対立仮説 H_1 の設定では，主張したい事柄を対立仮説に盛り込む。

(2)　**有意水準**とは，**珍しさの基準**である。確率0.05，0.01が通常，利用される。厳密にいうと「第1種の誤りをおかす確率の上限」が有意水準である。なお，**第1種の誤り**とは「帰無仮説が真であるのにも拘わらず帰無仮説を棄却する誤り」のことをいう。有意水準を，**判断ミスを犯す確率**と平易に捉えてもよい。

(3)　仮説検定の基本ロジックは**背理法**である。帰無仮説 H_0 が真であると仮定し，珍しい事象が起きてしまったと考えるよりも，前提である帰無仮説が偽であると考えて対立仮説 H_1 を採択するという思想である。

(4)　**P-value**は，帰無仮説 H_0 が真と仮定したときに，現実の標本データが得られる確率である。「p値」あるいは「**有意確率**」ともいう。統計ソフトウエアでは，P-valueだけ表示されるので気をつけよう。P-value<0.05 のときは，珍しいデータが得られた，すなわち，珍しい事象が起きたとは考えずに帰無仮説 H_0 を棄却するのである。

(5)　仮説検定の基本論理は次のようにまとめられる。

　　帰無仮説が真であると仮定して，そこから実際のデータが得られる事象の確率を計算する（P-value，p値）。もしその確率が十分に小さければ，帰無仮説が真である可能性は低いと考え，それを棄却し対立仮説を採択する。この確率を計算するために，確率分布や標本分布（標本平均の分布など）が

73

必要になる。

POINT!

仮説検定（2）

- 検定の対象は母集団の特性であり，その母集団確率分布の未知の母数（母平均，母分散など）である
- 帰無仮説H_0と対立仮説H_1を設定する。主張したいことは対立仮説H_1に盛り込む
- 有意水準とは珍しさの基準のことであり，通常，0.05あるいは0.01が使用される。第1種の誤りをおかす確率である
- 仮説検定のロジックは，背理法である

第5節　母平均の検定

1　母分散σ^2が既知，あるいは大標本のとき

仮説は母集団の事柄，母集団を規定するパラメータである母平均μについて設定する。μ_0を定数として，

$$H_0 : \mu = \mu_0 \qquad H_1 : \mu \neq \mu_0$$

H_0が真であると仮定して珍しさの基準の有意水準をaとする。無限母集団（母平均はμ_0）から大きさnの標本を無作為抽出してその標本平均を$\bar{X}$とする。H_0が真であるとすると母集団を規定する確率変数Xは$N(\mu_0, \sigma^2)$に従うので，

$$Z = \frac{\bar{X} - \mu_0}{\frac{\sigma}{\sqrt{n}}} \quad \sim \quad 標準正規分布 N(0,1)$$

が成立する。$\bar{X}$の実現値を$\bar{x}$，$z_{a/2}$を標準正規分布の上側$\frac{a}{2}$点の値として

$$P\left(Z > \frac{|\bar{x} - \mu_0|}{\frac{\sigma}{\sqrt{n}}}\right) < P(Z > z_{a/2}) = \frac{a}{2} \tag{3.12}$$

74

が成立するとき，H_0が真のときは高々確率 a の珍しい事象が起きたことになってしまう。このとき，仮説検定では，珍しい事象が起きたとは考えないで有意水準 a で H_0 を棄却するのである。したがって

$$\frac{|\bar{x} - \mu_0|}{\frac{\sigma}{\sqrt{n}}} > z_{a/2} \Rightarrow 有意水準 a で H_0 を棄却する \qquad (3.13)$$

が有意水準 a の両側検定方式となる。なお，$z_{a/2}$ は両側検定の場合，標準正規分布の上側 $\frac{a}{2} \times 100\%$ の棄却限界値である。有意水準5％の両側検定の場合，標準正規分布の棄却限界値 $z_{0.05/2} = 1.96$ という数値は記憶しよう。

また，$\frac{\bar{X} - \mu_0}{\frac{\sigma}{\sqrt{n}}}$ を**検定統計量**，$\frac{\bar{x} - \mu_0}{\frac{\sigma}{\sqrt{n}}}$ を**検定統計値**という。この検定統計値と棄却限界値という言葉を使うと，式 (3.12) は検定統計値より大きい確率が棄却限界値より大きい確率より小さいことを意味する。また，この関係を図示すると，図表3-2のようになる。図に示したように，棄却限界値より外側の領域は帰無仮説が棄却される領域であるので**棄却域**，内側の領域は帰無仮説が採択される領域であるので**採択域**と呼ばれる。図表3-2のように，両側検定では棄却域は採択域の両側に現れる。

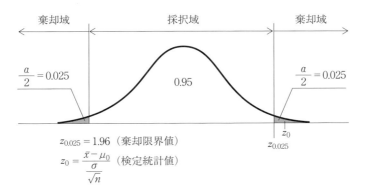

図表3-2 仮説検定

2 母分散 σ^2 が未知の正規母集団で小標本（$n < 30$）のとき

この場合，大標本の場合のように，$\sigma = s$ とすることはできないので，検定方式（3.13）は利用できない。そこで，

$$t = \frac{\bar{X} - \mu_0}{\frac{S}{\sqrt{n}}}$$

が標準正規分布とは異なる確率分布の，自由度 $n - 1$ の t 分布に従うことを利用する。よって，標本平均 $\bar{X}$ の実現値を $\bar{x}$，標本標準偏差 S の実現値を s，$t_{n-1, a/2}$ を自由度 $n - 1$ の t 分布の上側確率 $\frac{a}{2}$ 点とすると

$$P\left(t > \frac{|\bar{x} - \mu_0|}{\frac{s}{\sqrt{n}}}\right) < P(t > t_{n-1, a/2}) = \frac{a}{2} \tag{3.14}$$

が成立すれば，これに対応する事象は，H_0 のもとでは高々確率 a で生ずる珍しい事象ということになってしまう。このとき，仮説検定では H_0 を有意水準 a で棄却するのである。したがって

$$\frac{|\bar{x} - \mu_0|}{\frac{s}{\sqrt{n}}} > t_{n-1, a/2} \quad \Rightarrow \quad \text{有意水準 } a \text{ で } H_0 \text{ を棄却する} \tag{3.15}$$

という有意水準 a の両側検定方式が得られる。

小標本による検定で登場した t 分布を発案した**ウイリアム・ゴセット**（1876〜1937）は，オックスフォード大学を卒業後にビールで有名なギネス社に勤務して醸造の管理をしていた。その際に，小標本から全体像を推測することの必要性から，t 分布に辿り着いた。ギネス社への配慮からペンネーム Student により論文を投稿したので，スチューデントの t 分布ともいわれる。t 分布は自由度を伴う確率分布で，自由度，すなわち標本数が大きくなるにつれて標準正規分布にかぎりなく近づく確率分布である。

第3章　データから全体を知る

【問題1】　あるシリアルのパッケージは16オンス含有しているという表示がある。ところが，消費者団体には，シリアルの内容量が16オンス未満であると主張する苦情が殺到している。そこで，この主張を検討するために，消費者団体は100個のパッケージを無作為抽出し$\bar{x} = 15.1$，$s = 3$オンスという結果を得た。この苦情は正当か，有意水準5％で両側検定しなさい。

解答例は次のようになる。

① 仮説の設定　母集団はシリアル全体で，その内容量の母平均をμとする。

　　帰無仮説　$H_0 : \mu = 16$　（16オンス含有している）

　　対立仮説　$H_1 : \mu \neq 16$　（16オンス含有ではない）

② 有意水準 $a = 0.05$

③ 検定の実行　この問題は母平均の検定問題で，$n = 100$であるので「大標本の検定問題」である。大標本の場合は，母標準偏差σ＝標本標準偏差sとおけるので，標準正規分布を利用した検定方式（3.13）で検定できる。

$$\frac{|\bar{x} - \mu|}{\frac{\sigma}{\sqrt{n}}} = \frac{|15.1 - 16|}{\frac{3}{\sqrt{100}}} = \frac{0.9}{0.3} = 3 \; > \; z_{0.05/2} = 1.96$$

有意水準5％で帰無仮説H_0は棄却されて対立仮説H_1が採択される。したがって，この苦情は有意水準5％で正当であるといえる。

　一般に，統計的仮説検定で，よほどの前提知識が存在しない限り，両側検定を使用すべきである。片側検定を使用する場合は注意を要する。

【問題2】　ある不動産会社の分譲地の広告には，「当分譲地は，A駅からバスでラッシュ時でも15分の距離にある」と広告されている。そこで，16日間記録をとってみたところ，標本平均値18分，標本標準偏差の値が5分であった。不動産会社の広告の正当性を有意水準1％で検定しなさい。

77

解答は次のようになる。

①　仮説の設定　分譲地への到達時間の母平均を μ とする。

　　帰無仮説 H_0：$\mu = 15$　（分譲地は15分の距離にあり，広告は正当である）

　　対立仮説 H_1：$\mu \neq 15$　（15分の距離にない，この広告は不当である）

②　有意水準は，$a = 0.01$　とおく。

③　検定の実行　この検定問題は母平均の検定問題で，$n = 16 < 30$ で小標本であるので，t 分布を利用する検定方式（3.15）による母平均の検定問題，いわゆる t **検定**の問題である。

$$\frac{|\bar{x} - \mu_0|}{\frac{s}{\sqrt{n}}} = \frac{|18 - 15|}{\frac{5}{\sqrt{16}}} = \frac{3}{\frac{5}{4}} = 2.4$$

巻末の t 分布表より，$t_{15, 0.005} = 2.947 > 2.4$ であるので，有意水準１％では帰無仮説 H_0 は棄却できない。したがって結論は，有意水準１％で不動産の広告は不当であるとはいえない，となる。なお，Excel関数「T.DIST.2T」を利用してP-valueを求めると，P-value $= 0.029825 > a = 0.01$ であるので，当然結論は同じである。

POINT !
　　　　　　　母平均の検定（母分散 σ^2 が未知で小標本（$n < 30$）の場合）

・小標本による母平均の検定は，t 分布を利用して検定を行う。

$$\frac{|\bar{x} - \mu_0|}{\frac{s}{\sqrt{n}}} > t_{n-1, a/2} \quad \Rightarrow \quad H_0 \text{を棄却する}$$

ここで，$t_{n-1, a/2}$ は自由度 $n-1$ の t 分布の上側確率 $\frac{a}{2}$ の点で，有意水準 a の両側棄却限界値である

第3章　データから全体を知る

3　データに対応のある場合の母平均の検定問題

【問題3】　ある新薬の降圧剤を10人の健常人に注射して，投与前と投与20分後での最高血圧を測定して，以下のデータが得られた。有意水準5％で投与による血圧変動は認められるかを検定しなさい。

番号	1	2	3	4	5	6	7	8	9	10
投与前	115	120	130	105	140	125	140	128	135	150
投与後	117	115	126	97	143	125	143	124	133	151

解答例は次のようになる。

この場合の対象データは，投与後の血圧から投与前の血圧を引いた

$$\varDelta = \{2, -5, -4, -8, 3, 0, 3, -4, -2, 1\} \text{ である。}$$

①　仮説の設定

　　$H_0 : \mu = 0$　　　　（投与前後で血圧変動はない）

　　$H_1 : \mu \neq 0$　　　　（投与前後で血圧変動は認められる）

②　有意水準 $a = 0.05$

③　小標本であるので，検定の実行はt検定を行い，Excelの分析ツールを利用する。

④　判定　Excelの分析ツールのOUTPUTからP-value $= 0.271$ となり有意水準 $a = 0.05$ より大きい。したがって，有意水準5％で帰無仮説 H_0 は棄却できず，有意水準5％で降圧剤による血圧変動があるとはいえない。

第6節　2つの母平均の差の検定

社会調査において様々な調査項目における男女差の有無を判断する場合，実験科学における実験群と対照群で有意な効果の差を明らかにする場合などで使用される，最も代表的な検定問題である。

1 2つの母平均の差の検定法

(1) 母分散が未知で小標本のとき

帰無仮説および対立仮説は次のように設定される。

$$H_0 : \mu_A = \mu_B \qquad H_1 : \mu_A \neq \mu_B$$

母平均が μ_A, μ_B（未知）で，母分散が等しい（$\sigma_A{}^2 = \sigma_B{}^2 = \sigma^2$）と考えられる2つの正規母集団A，Bから，大きさ N_A, N_B の標本を無作為抽出した場合の標本平均を $\bar{X}_A$, $\bar{X}_B$, 標本分散を $S_A{}^2$, $S_B{}^2$ とする。また，H_0 が真として有意水準を a とする。いま，

$$S_{\mathrm{w}} = \sqrt{\left(\frac{1}{N_A} + \frac{1}{N_B} \right) \left\{ \frac{(N_A - 1)S_A{}^2 + (N_B - 1)S_B{}^2}{N_A + N_B - 2} \right\}}$$

とおくと，「$t = \dfrac{\bar{X}_A - \bar{X}_B}{S_{\mathrm{w}}}$ は自由度 $N_A + N_B - 2$ の t 分布に従う」という定理を利用する。そして $\bar{X}_A$, $\bar{X}_B$, S_{w} の実現値を $\bar{x}_A$, $\bar{x}_B$, s_{w} とすると

$$\mathrm{P}\left(t > \frac{|\bar{x}_A - \bar{x}_B|}{s_{\mathrm{w}}} \right) < \mathrm{P}(t > t_{N_A + N_B - 2, a/2}) = \frac{a}{2}$$

が成立するとき，高々 a の確率で生ずる珍しい事象が対応することになるので，H_0 を棄却する。したがって

$$\frac{|\bar{x}_A - \bar{x}_B|}{s_{\mathrm{w}}} > t_{N_A + N_B - 2, a/2} \quad \Rightarrow \quad \text{有意水準 } a \text{ で } H_0 \text{ を棄却する} \quad (3.16)$$

という有意水準 a の t 分布を利用する両側検定方式が得られる。

(2) 母分散が既知のとき，あるいは，大標本のとき

帰無仮説，および，対立仮説は次のように設定される。

$$H_0 : \mu_A = \mu_B \qquad H_1 : \mu_A \neq \mu_B$$

母平均 μ_A（未知），母分散 $\sigma_A{}^2$ である無限母集団Aと，母平均 μ_B（未知），母

第3章　データから全体を知る

分散 $\sigma_B{}^2$ である無限母集団 B からそれぞれ大きさ N_A，N_B の標本を無作為抽出して，標本平均が $\bar{X}_A$，$\bar{X}_B$ であるとする。この無限母集団 A，B が正規母集団か，または N_A，N_B が大きければ，H_0 が真のときは

$$\bar{X}_A - \bar{X}_B \sim \mathrm{N}\left(0, \frac{\sigma_A{}^2}{N_A} + \frac{\sigma_B{}^2}{N_B}\right)$$

である。よって，

$$Z = \frac{\bar{X}_A - \bar{X}_B}{\sqrt{\dfrac{\sigma_A{}^2}{N_A} + \dfrac{\sigma_B{}^2}{N_B}}} \sim \mathrm{N}(0,1)$$

が成立する。$\bar{X}_A$，$\bar{X}_B$ の実現値を $\bar{x}_A$，$\bar{x}_B$ とすると

$$\mathrm{P}\left(Z > \frac{|\bar{x}_A - \bar{x}_B|}{\sqrt{\dfrac{\sigma_A{}^2}{N_A} + \dfrac{\sigma_B{}^2}{N_B}}}\right) < \mathrm{P}(Z > z_{a/2}) = \frac{a}{2}$$

が成立するならば，高々確率 a の珍しい事象が対応することになる。このとき H_0 を棄却するのであった。よって

$$\frac{|\bar{x}_A - \bar{x}_B|}{\sqrt{\dfrac{\sigma_A{}^2}{N_A} + \dfrac{\sigma_B{}^2}{N_B}}} > z_{a/2} \quad \Rightarrow \quad \text{有意水準 } a \text{ で } H_0 \text{ を棄却する} \qquad (3.17)$$

という有意水準 a の検定方式が得られる。ここで，$z_{a/2}$ は標準正規分布の上側 $\frac{a}{2} \times 100\%$ 点の値で有意水準 5 ％のときは1.96である。

（注意）　$H_0 : \sigma_A{}^2 = \sigma_B{}^2$ が成立しない場合，近似的検定法の **Welch の方法** を使用すべきであるが，当該方法についての説明は本書では行わない。

練習問題1

　ある作物に関する農事試験で，試験地区A群，B群を設け，B群には肥料1を，A群には新製品の肥料2を与えた。その他の点では同一事情にあるように管理をした。各々の地区を等面積の10地区に細分化して，収穫量を調べたところ次の表を得た。両地区の収穫高において，差異は有意水準5％で認められるか両側検定しなさい。

A	62	57	65	60	63	58	57	60	60	58
B	56	59	56	57	58	57	60	55	57	55

2　2つの母平均の差の代表的な検定問題

【問題4】　ある都市で男女間に賃金格差が存在するかどうかを調査するために，同年齢，同業同職種に従事する無作為に選んだ男女各々11人ずつの月給を調べた。2個の母集団の母分散は等しいと見做して，有意水準5％で男女間の賃金格差が認められるか，検定を行いなさい。数値の単位は，万円／月である。

男性	15.1	18.3	16.5	17.4	18.9	17.2	15.0	15.7	17.9	16.5	17.5
女性	14.1	15.9	16.0	14.0	17.0	13.8	15.2	14.5	15.0	14.4	14.8

解答例は次のようになる。

① 　仮説の設定

　　H_0：$\mu_1 = \mu_2$　　（この都市では，男女間で賃金格差はない）

　　H_1：$\mu_1 \neq \mu_2$　　（この都市では，男女間で賃金格差は存在する）

② 　$a = 0.05$　小標本であるので t 検定を行う。

③ 　Excelの分析ツールを使用すると，そのOUTPUTからP-value $= 0.00073$ である。P-value $= 0.00073 < a = 0.05$。よって，有意水準5％で帰無仮説H_0は棄却されて対立仮説H_1が採択される。すなわち，有意水準5％で，この都市において男女間の賃金格差は存在する，といえる。

第3章　データから全体を知る

【問題5】　次のデータは，10人の男子と女子の赤血球数（100万単位／1mm³）を示している。

男子	5.02	4.58	5.57	4.52	4.84	5.36	4.27	5.15	4.93	4.72
女子	4.15	4.56	3.89	4.40	4.38	4.20	4.31	4.73	4.26	3.95

　平均赤血球数において男女間の有意差を検討するために有意水準5％で両側検定をしなさい。さらに，「男性の方が女性よりも平均赤血球数が多いことを主張する」にはどうすればよいかを考えなさい。

　解答は次のようになる。

① 仮説の設定

　　H_0：$\mu_1 = \mu_2$　　（男女間で平均赤血球数に差はない）

　　H_1：$\mu_1 \neq \mu_2$　　（男女間で平均赤血球数に差は存在する）

② 有意水準は$a = 0.05$とする。

③ Excelの分析ツールを使用すると　P-value $= 0.00067 < a = 0.05$。したがって，有意水準5％で帰無仮説H_0は棄却され，対立仮説H_1が採択され，有意水準5％で男女間の平均赤血球数には差があるといえる。…ⓐ

t−検定：等分散を仮定した2標本による検定

	男性	女性
平均	4.896	4.283
分散	0.157538	0.065646
観測数	10	10
プールされた分散	0.111592	
仮説平均との差異	0	
自由度	18	
t	4.103265	
P（T<=t）片側	0.000334	
t 境界値 片側	1.734064	
P（T<=t）両側	0.000667	
t 境界値 両側	2.100922	

図表3-3　Excel分析ツールの解析結果

83

Excelの分析ツールのOUTPUTにより，それぞれの母平均 μ_1, μ_2 の点推定値は次のようである。すなわち

男性赤血球数の標本平均値：$\bar{x}=4.896$（$\bar{x}$ は母平均 μ_1 の不偏推定値）

女性赤血球数の標本平均値：$\bar{y}=4.283$（$\bar{y}$ は母平均 μ_2 の不偏推定値）となる。

したがって

　　$\bar{x} > \bar{y}$　　　…ⓑ

が成立し，ⓐ**両側検定結果**　とⓑ**点推定値の大小関係**　により，男性の方が女性よりも平均赤血球数は有意水準 5 ％で多いといえる。

　一般に，一方の母集団が他方の母集団よりも，ある事柄（ここでは，平均赤血球数）について多いとか大きいことを断言する場合には

　　1　両側検定

　　2　点推定値の大小関係

の両方の結果を併せて主張することが必要になる。

POINT!　　　**2個の母平均の差の検定問題で，t 検定を実行できる条件**

- 2個の母集団が正規分布に従っていると見なせる
- 2個の母集団のそれぞれの母分散 $\sigma_1{}^2$, $\sigma_1{}^2$ が等しいこと（等分散であること），すなわち，有意水準 5 ％で，H_0：$\sigma_1{}^2 = \sigma_2{}^2$ という仮説が棄却できないことである

　上記 2 条件の成立が怪しい場合には，**ノンパラメトリック検定**を利用した方が無難で，IBM SPSS などの統計ソフトウエアに搭載されている。ノンパラメトリック検定の特徴は

　①　母集団分布に特定の確率分布を規定する必要はない。

　②　順位データ情報に基づく場合が多いので，対応するパラメトリック検定に比べて検出力が落ちる場合もある（P-value の値が大きくなる現象がおきる）が，検出力低下はそれほど問題にならないことが多い。

84

第3章　データから全体を知る

なお，IBM SPSSでは，「２つの母平均の差の検定問題」で「等分散の検定 $H_0: \sigma_A{}^2 = \sigma_B{}^2$」，そして，分散分析では「多重比較」が実行できるが，Excelの分析ツールにはそれらのメソッドが備わっていない。

第７節　母比率の検定

第３節第２項で例示した，あるテレビ番組を視聴する，現内閣を支持するなどという事象を性質Eをもつ事象と呼んで，母比率の仮説検定について述べよう。

仮説 H_0：性質Eをもつものの比率は p_0（定数）である　⇔　$H_0: p = p_0$

となるので，帰無仮説および対立仮説を，次のように設定する。

$$H_0: p = p_0 \qquad H_1: p \neq p_0$$

有意水準を a とする。既述のように，性質Eをもつものを含む無限母集団から大きさ n の標本を無作為抽出するとしたとき，大きさ n の標本のなかに性質Eを持つものの個数 Y は，n が十分に大きいとき，近似的に

正規分布　$N(np_0, \ np_0(1 - p_0))$

に従うと見なしてよい。したがって $\frac{Y}{n}$ の実現値 r を得たときの有意水準 a の検定方式は，(3.13) において，$\bar{x} = r$，$\mu_0 = p_0$，$\sigma = \sqrt{p_0(1 - p_0)}$ と置いて

$$\frac{|r - p_0|}{\sqrt{\dfrac{p_0(1 - p_0)}{n}}} > z_{a/2} \quad \Rightarrow \quad 有意水準 a で H_0 を棄却する \qquad (3.18)$$

となる。

【問題６】

ある新製品に関する購入意欲を調査するために，400人を無作為抽出して質

問したところ，購入したいと考えている人が118人であった。購入したいと思っている人が全体の25％以上いるといえるか，検定しなさい。

　解答　帰無仮説および対立仮説を次のように設定する。

　　$H_0 : p = 0.25$　　$H_1 : p \neq 0.25$

　　$r = \dfrac{118}{400} = 0.295（p の点推定値）$　…ⓐ

　　$\dfrac{\dfrac{118}{400} - 0.25}{\sqrt{\dfrac{0.25 \times 0.75}{400}}} = 2.09 > z_{0.05/2} = 1.96$

したがって有意水準５％で帰無仮説は棄却できる．（両側検定結果）　…ⓑ
ⓐ，ⓑから，有意水準５％で購入したいと思う人は25％以上いるといえる。

第8節　分　散　分　析

　男女間の性差の判定や，新薬とプラセボ（偽薬）との効果の違いを調べるには「２個の母平均の差の検定」を実行して検定できた。しかし，新薬，偽薬，標準薬のように，３種類以上の薬の効果の違いを同時に調べる時は**分散分析**を利用することになる。このような場合にt検定の繰り返しを実行してはならない。

1　一元配置分散分析

　薬や人種の違いなど，データを変化させ，研究上注目する要因を**因子**，例えば，新薬，偽薬，標準薬のような因子を構成する項目（グループ）を**水準**といい，因子が１つの場合の分散分析を**一元配置分散分析**という。当該因子の第 i 水準における j 番目のデータを x_{ij} と書くと，モデルは次のように設定される。

$$x_{ij} = \mu_i + \varepsilon_{ij} = \mu + a_i + \varepsilon_{ij} \quad (\mu_i = \mu + a_i) \qquad (3.19)$$

ε_{ij}は誤差で，$N(0, \sigma^2)$に従い$\Sigma_i a_i = 0$である。ここでa_iを**主効果**という。以下では，水準数をm，各水準のデータ数は等しくk，総データ数は$n = mk$とする。

各水準間の差異は，それぞれの主効果の有無と同じ事柄であるから，検定すべき帰無仮説は

H_0：$\mu_1 = \mu_2 = \mu_3 = \cdots = \mu_m$（因子の水準間には差がない，データは同一の母集団からの標本である）

$\Leftrightarrow \quad H_0$：$a_i = a_2 = a_3 = \cdots = a_m = 0$

とも書くことができる。また，対立仮説は

H_1：H_0ではない。

H_0が真であるときには「F＝**グループ間変動／グループ内変動**」が自由度$m-1$，$n-m$の**F分布**に従うことを利用して，検定を実行する。aを有意水準とする。したがって，棄却限界値を$F(m-1, n-m, a)$のように表記すると

F値 $> F(m-1, n-m, a) \quad \Rightarrow \quad$ 有意水準aでH_0を棄却する

という検定方式として，一元配置分散分析は定式化される。

ところで「**グループ間変動／グループ内変動**」は，正確には「グループ間偏差平方に関する不偏分散（**要因効果**）」すなわち

$$\frac{n\sum_{i=1}^{m}(\overline{X}_i - \overline{X})}{m-1}$$

と，「グループ内偏差平方に関する不偏分散（**統計誤差**）」すなわち

$$\frac{\sum_{i=1}^{m}\sum_{j=1}^{k}(X_{ij} - \overline{X}_i)}{n-m}$$

という2つの不偏分散の大小を比較することであり，これが分散分析の考え方

のポイントである。要因効果が統計誤差よりも大きければH_0を棄却するということである。なお,

$$\bar{X}_i = \frac{1}{k} \sum_{j=1}^{k} X_{ij}$$

であり,分散分析に関係する定理は以下のとおりである。

定理　正規母集団から無作為抽出した2個の標本において,それらから計算される不偏分散をS_1^2, S_2^2とし,それらの自由度をk_1, k_2とすると確率変数$\frac{S_1^2}{S_2^2}$は,自由度k_1, k_2のF分布に従う。

【問題7】

一元配置分散分析の問題として,次の3種類の麻酔薬の持続時間に差があるかどうかを有意水準5％で検定しなさい。さらに興味のある読者は,第2項で説明する多重比較も併せて実行しなさい。ただし初学者は,多重比較については参考程度に読めばよい。

E薬	42.3	56.8	30.0	35.0	48.4	42.4	25.3	（分）
T薬	27.4	35.5	55.5	43.2	15.9	22.2	50.0	（分）
L薬	18.3	21.7	25.3	15.6	9.7	16.0	10.0	（分）

解答は次のようになる。

① 仮説の設定

H_0：$\mu_1 = \mu_2 = \mu_3$ （3種類の麻酔薬の持続時間に差がない）

H_1：H_0ではない （3種類の麻酔薬の持続時間に差がある）

② 検定の実行はExcelの分析ツールを利用する。解析結果は図表3-5のとおり。

第3章　データから全体を知る

分散分析表

変動要因	変動	自由度	分散	観測された分散比	P-値
グループ間	2186.612	2	1093.306	8.923410672	0.00203
グループ内	2205.38	18	122.5211		
合計	4391.992	20			

図表3-5　分散分析表

③　結　　論

　一元配置分散分析の結果，P-値が$0.002 < 0.05 = a$であるので，H_0は棄却されて３種類の麻酔薬の持続時間には有意水準５％で有意差があると結論される。

　しかし，どの麻酔薬とどの麻酔薬との間に差があるかまでは分散分析では判定できない。どの麻酔薬とどの麻酔薬との間に平均持続時間に差があるのか判断するのが**多重比較**という手法であり，第２項を参照いただきたい。

2　多重比較

　一元配置分散分析の解析結果，H_0：$\mu_1 = \mu_2 = \mu_3$（３種類の麻酔薬の持続時間に差がない）が棄却されて３種類の麻酔薬の持続時間には差がある，と結論された。ところが，どの麻酔薬とどの麻酔薬との間に差があるかまでは分散分析ではわからないので，どの麻酔薬とどの麻酔薬との間に平均持続時間に差があるのかを判断するために**多重比較**を使用する。なお，多重比較はIBM SPSSによって実行できるので，初学者は参考程度に多重比較については目を通せばよい。

　多重比較を使用する際の注意点としては

①　多重比較は分散分析を実行した後で行う必要は全くない。多重比較だけ
　　単独に実行しても良い。

②　多重比較はt検定の繰り返しではない。

などである。**検定の多重性**について説明して多重比較の意義を解説する。

　　H_0：$\mu_1 = \mu_2$，H_0：$\mu_2 = \mu_3$，H_0：$\mu_1 = \mu_3$のように３回のt検定を行うと，１回１回の検定の有意水準が５％であっても，それを繰り返すと全体としての

89

有意水準が5％よりかなり大きくなってしまう。なぜならば

　　有意水準 ＝ H_0 が真であるときに H_0 を棄却する確率

　　　　　　＝ 1 － (H_0 が真のときに H_0 を棄却しない確率) ＝ 1 － 0.95^3 ＝ 0.14

となるので，有意水準5％の t 検定を3回繰り返して実行すると，全体として有意水準は14％になってしまうからである。このことに対して，多重比較は「全体としての有意水準を5％になるようにコントロールするために，1回1回の検定の棄却限界値を調整する方法」である。代表的な多重比較の方法に，検出力が大きく標準的な多重比較の方法である**Tukeyの方法**がある。また，一元配置分散分析に続いて使用する方法の**Scheffeの方法**が有名である。

　　Tukey の方法を採用した多重比較の解答例は次のようになる。

多 重 比 較

従属変数：持続時間
Tukey HSD

(I) 種類数値	(J) 種類数値	平均値の差 (I-J)	標準誤差	有意確率	95％信頼区間 下限	95％信頼区間 上限
E	T	4. 5429	5. 9166	. 727	-10. 557	19. 643
	L	23. 5571*	5. 9166	. 002	8. 457	38. 657
T	E	-4. 5429	5. 9166	. 727	-19. 643	10. 557
	L	19. 0143*	5. 9166	. 013	3. 914	34. 114
L	E	-23. 5571*	5. 9166	. 002	-38. 657	-8. 457
	T	-19. 0143*	5. 9166	. 013	-34. 114	-3. 914

＊　平均値の差は 0.05 水準で有意

図表3-6　Tukeyの多重比較

　　多重比較の実行結果，E薬とL薬，T薬とL薬との間に有意水準5％で平均麻酔持続時間に有意差があると判断できる。

90

第3章　データから全体を知る

練習問題2

　ある会社で生産される3種類のモニターの寿命時間を計測して下記に記録した。3種の型に寿命時間に差があるか，有意水準5％で検定しなさい。

種類A	408	411	409		
種類B	404	406	408	405	402
種類C	410	408	406	408	

① 帰無仮説 H_0 および対立仮説 H_1 を書きなさい。

② 有意水準5％で一元配置分散分析を実行し，その検定結果を述べなさい。

91

第4章　複雑なデータの構造を読み解く
－多変量データの分析－

　世の中には様々なデータがあり，それらは場合によって他のデータと何らかの関係性をもっている場合が少なくない。その「データ間の関係」を把握し，活用することによって，さらに新たな情報を得ることができる。

　本章では第3章までに紹介された解析以外で，2つ以上の複数のデータ群（多変量データ）を対象とした，各変数間における関係を把握する統計解析の手法を紹介する。この多変量データの解析を活用することにより，様々な意思決定や計画策定において，多くの情報の因果関係を説明したり，分類・整理して単純化したりすることができる。実際の計算や作図はExcelで容易に行うことができる。操作方法に関する詳細は第5章を参照していただきたい。

第1節　2つの変数間の関係をみる

　図表4-1は，あるコンビニにおけるその日のスポーツドリンクの売上高［円］のデータ（変数x）と最高気温［℃］のデータ（変数y）の一例である。もしあなたがこのコンビニの仕入れ担当だった場合，このようなデータを活用しない手はない。もしかしたら「最高気温が高い日ほどスポーツドリンクの売上高が高くなる」という関係があるかもしれない。さらには週間天気予報で来週の予想最高気温という「最高気温に関する情報」を手に入れることができれば，「来週のスポーツドリンクの売上高」がある程度予測でき，適切な仕入れ数の準備ができるかもしれない。

No.	売上高 [円]	最高気温 [℃]	No.	売上高 [円]	最高気温 [℃]
1	5,920	32.7	6	6,240	32.8
2	4,640	28.7	7	6,560	30.6
3	5,760	30.3	8	4,320	25.9
4	7,040	34.5	9	5,120	28.5
5	6,880	29.8	10	6,720	31.8

図表4-1　あるコンビニにおけるその日のスポーツ
ドリンクの売上高（y）と最高気温（x）

このように２つの変数の間において，関係性があるかどうかを視覚的に確認したり（散布図），数値で表したり（相関分析），関係式で表したり（回帰分析）することができれば，有力な情報を手に入れることができる。

POINT!

２つの変数の情報があれば…

• ２つの変数の間に何らかの関係があるのではと疑うことができる
　　　→　散布図
• 一方の変数の数値の大小と，もう一方の変数の数値の大小との間に関係があるかを数値で確認できる
　　　→　相関分析
• ２変数間の関係を関係式で表し，一方の変数の数値が分かれば，もう一方の変数の数値を予測することができる
　　　→　回帰分析（単回帰分析）

1　散　布　図

色々な分析を実施するにあたり，先ずは２つの変数間に関係性があるかどうかをおおまかに把握する必要がある。もし関係性がありそうであれば，その関係性を見出すための解析を選択する。これは１変数による解析のときに度数分布表やヒストグラムによってデータの分布傾向を把握するのと同様で，具体的な解析作業をする前にまず行うべき作業である。そして２変数の場合は，散布

第4章 複雑なデータの構造を読み解く

図を作成する。

散布図は縦軸・横軸に各変数のデータ項目をとり，その組み合わせを座標として記入したグラフである。図表4-1のデータであれば，横軸（x軸）を最高気温，縦軸（y軸）を売上高とし，その組み合わせを座標（x, y）として記入していくと図表4-2の散布図ができる。散布図はExcelにより容易に作成できるので，第5章を参照していただきたい。この散布図を見ることで「最高気温が上昇するにつれてスポーツドリンクの売上高も上昇する傾向にあるのでは」と推測することができ，それを確認できるような解析を実施することが有効であると判断できる。

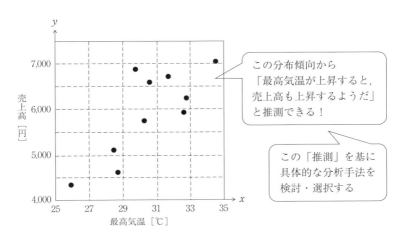

図表4-2 最高気温と売上高の散布図

POINT！　　　　　　　　　散布図とは…
- 縦軸・横軸に2つの変数を設定し，その組合せを座標で記入した図
- これより2変数の関係を推測し，どのような解析をすべきかを判断する

2 共分散と相関係数（相関分析）

　ある変数が変化（値が増減）したときに，もう一方の変数がどのような傾向を示すのか，その関係性を調べる解析が**相関分析**である。その傾向を示す統計学的な数値の代表的なものとして，**共分散**と**相関係数**がある。図表 4-1 のデータであれば，「最高気温が上がると，スポーツドリンクの売上高が上がるのか」を確認するための分析がこの相関分析であり，その関係性を数値で示したものが共分散，相関係数である。相関分析は厳密には様々な数式があるが，ここでは最もポピュラーであるピアソンの積率相関分析を紹介する。先ずは共分散および相関係数を算出するための式を以下に示す。

$$
共分散(Cov) = \frac{\{(x の偏差) \times (y の偏差)\} の総和}{(サンプルサイズ)} \tag{4.1}
$$

$$
相関係数(r) = \frac{(x と y の共分散)}{(x の標準偏差) \times (y の標準偏差)} \tag{4.2}
$$

　　x：変数 1，y：変数 2
　　偏差：各データ値と算術平均との差
　　総和：各データ値の合計（すべて足した値）
　　標準偏差：各変数の散らばり度合い

　算出された数値について，確認するポイントは
　共分散の（Cov）場合
　① 計算値の符号が正（プラス）なのか負（マイナス）なのか

　相関係数（r）の場合

　① 計算値の符号が正（プラス）なのか負（マイナス）なのか
　② 数値が 0 からどの程度離れているか
である。

　①について，計算値の符号が正（プラス）であった場合，ある変数の値が上昇（下降）すると，もう一方の変数の値も同様に上昇（下降）する正の比例関

係であることを意味する。また計算値の符号が負（マイナス）であった場合，ある変数の値が上昇（下降）すると，もう一方の変数の値は逆に下降（上昇）する負の比例関係であることを意味している。相関係数の場合，計算値の符号が正（プラス）である場合を正の相関（関係），負（マイナス）である場合を負の相関（関係）があるという。なお相関係数が0の場合は相関（関係）なしという。

②について，相関係数は必ず－1から1の範囲（$-1 \leq r \leq 1$）を示す。ちなみに，共分散の場合には計算値の上限と下限はない。そして値が0から離れるほど，すなわち－1または1に近いほど，相関関係が強いことを意味する。慣例的に相関係数が正の場合，その大きさは図表4-3のような意味を持つとされる。これは負の場合も同様に扱われる。

図表4-1のデータの場合，以下に示す計算の結果，共分散は1694.4（式4.3），相関係数は0.786（式4.4）となる。相関係数で解釈すると，符号がプラスなので正の相関，そして0.7よりも大きいので高い相関があると解釈できる。したがって「最高気温とスポーツドリンクの売上高との間には関係性があり，最高気温が上昇（下降）すると売上高も同様に上昇（下降）する」と判断することができる。

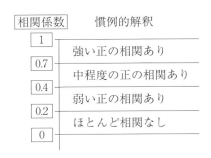

図表4-3 相関係数とその慣例的解釈（値が正の場合）

図表4-1のデータを例とすると，共分散および相関係数は以下のとおりとなる。

$$共分散(cov) = \frac{16944}{10} = 1694.4 \qquad (4.3)$$

$$相関係数(r) = \frac{1694.4}{2.38168 \times 905.10} = 0.786 \qquad (4.4)$$

（売上高の偏差）×（最高気温の偏差）の総和＝16944
サンプルサイズ＝10
売上高の標準偏差＝2.38168〔円〕
最高気温の標準偏差＝905.10〔℃〕

図表4-3では，相関係数が0.2以下で0に限りなく近い値になったとき（負の相関の場合は－0.2以上0になるまでの区間）「相関なし」として慣例的に扱うと説明したが，厳密に述べれば，この問題は無相関検定と呼ばれる考え方で解決できる。要点だけ記すと，図表4-4に示すとおり，サンプルサイズと有意水準によって棄却限界（境界値）が決まり，その値より0に近い場合は「相関なし」と判断できる。なお，サンプルサイズが大きいほど棄却限界は0に近くなる。

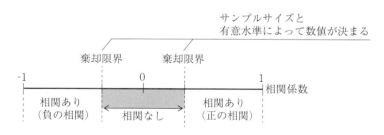

図表4-4　無相関検定の概念図

無相関検定の手続きは，前章で扱った検定の考え方と基本的に同じである。すなわち，母相関係数＝0の帰無仮説を置いてt値やp値を求め，その大きさによって帰無仮説を棄却するかどうかを決定するのである。Excelの回帰分析ではこのt値やp値は，図表4-5の回帰分析の結果である分散分析表のX値に対応する欄に現れている。それによると図表4-1のデータ（サンプルサイズ：

第4章　複雑なデータの構造を読み解く

10) の場合，t＝3.596，P-値＝0.007であるので，有意水準1％（P-値＜0.01）で帰無仮説を棄却することができる（詳しくは第3章および第5章を参照していただきたい）。なお，しばしば直観的に，t値の絶対値が2以上であれば，p値によらずに帰無仮説は棄却できると判断される。また，サンプルサイズと有意水準によって導かれる棄却限界を求めるには，r表の利用も可能である。

	係数	t	P-値
切片	-3208.56	-1.26024	0.24309956
X 値	298.7095	3.596327	0.00701965

図表4-5　Excelによる回帰係数，切片，t値，P値

POINT!　　　　　　　　共分散，相関係数とは…

- 計算値の符号が正（＋）の場合は2変数の増減が正の比例関係，負（－）の場合は2変数の増減が負の比例関係であることを意味する
- 相関係数は，2変数間の直線的関係の強さを表す尺度である
- 相関係数の場合，計算値の符号が正（＋）の場合は正の相関，負（－）の場合は負の相関という
- 相関係数の範囲は$-1 \leq r \leq 1$で，0から離れているほど相関が強い

3　回帰分析（単回帰分析）

　前述の相関係数では，片方の変数が変化（増減）すると，もう一方の変数がどう変化（増減）するかの関係を見ることができた。しかしそこまで分かるのであれば，次は片方の変数が「この値」であった場合，もう一方の変数が「この値になるであろう」という予測をしたい。その「予測をする解析」が回帰分析である。図表4-1のデータであれば，「もし最高気温が●［℃］である場合，

スポーツドリンクの売上高は▲［円］であると予測できる」という解析結果を導き出すことができる。

回帰分析は複数の変数間の因果関係を回帰式（回帰モデル）と呼ばれる関数として導き出す解析で，その回帰式を用いて，ある変数（**説明変数**，**独立変数**などという）のデータ値から他の変数（**目的変数**，**被説明変数**，**従属変数**などという）のデータ値を予測することができる。ここでは回帰分析のうち，２つの変数（xを説明変数，yを目的変数とする）を対象とする単回帰分析を紹介する。回帰分析には１つの目的変数に対する複数の説明変数との関係をみる重回帰分析もあり，これは次節で扱う。

単回帰分析の目標は，以下で示されるxとyの近似式である回帰式（単回帰式）を導き出すことである。なお単回帰分析の場合，説明変数を１次変数（１乗の変数）で示した直線回帰式（線形モデル）を求める場合が多く，その直線を単回帰直線という。

$$直線回帰式（単回帰式）：y = ax + b \tag{4.5}$$

x：変数１（説明変数）… 直線回帰式では１次変数とする
y：変数２（目的変数）
a：回帰係数
b：切片

なお回帰式の傾きとなるaを回帰係数，bを切片という。回帰係数を求めるにはいくつもの手法があるが，ここでは一番代表的な最小二乗法を紹介する。最小二乗法で回帰係数，切片を求める式を以下に示す。

$$回帰係数 a =（相関係数）\times \frac{（yの標準偏差）}{（xの標準偏差）} \tag{4.6}$$

$$切片 b =（yの算術平均）- a \times（xの算術平均） \tag{4.7}$$

x：変数１（説明変数）
y：変数２（目的変数）

第4章　複雑なデータの構造を読み解く

　なお，上記で求めた回帰式はあくまで予測的なものであり，この回帰式がどの程度の精度であるか（誤差のある式か）を追記する必要がある。その精度を表す計算値を**決定係数**（R^2値）という。決定係数は以下の式で算出でき，必ず0から1の範囲（$0 \leq R^2 \leq 1$）となる。そして値が1に近いほど，回帰式の精度が高い（誤差が小さい）ことを意味する。

　　決定係数　$R^2 = (相関係数)^2$　　（$0 \leq R^2 \leq 1$）　　　　　　　　　(4.8)

　図表4-1のデータについて，売上高を目的変数，最高気温を説明変数とすると，式（4.9）と（4.10）による計算の結果，回帰係数は298.71，切片は−3208.56となり，式（4.11）の回帰式が求められる。また，同式の決定係数は式（4.4）と（4.8）より求められる。そして図表4-2に示した散布図上に回帰式を重ねると，図表4-6のとおりになる。なおExcelによる回帰式と決定係数の求め方については第5章を参照していただきたい。

$$回帰係数\ a = 0.786 \times \frac{905.10}{2.38168} = 298.71 \qquad (4.9)$$

$$切片\ b = 5920 - (298.71 \times 30.56) = -3208.56 \qquad (4.10)$$

$$\left(\begin{array}{l} 相関係数 = 0.786 \\ 売上高の標準偏差 = \ 905.10〔円〕，最高気温の標準偏差 = \ 2.38168〔℃〕 \\ 売上高の算術平均 = 5920.00〔円〕，最高気温の算術平均 = 30.56〔℃〕 \end{array} \right)$$

回帰式：$y = 298.71x - 3208.56$
決定係数：$R^2 = 0.6178$　　　　　　　　　　　　　　　　　　　　(4.11)

101

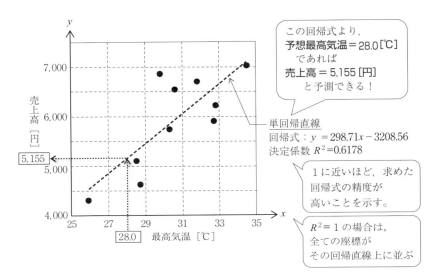

図表4-6　最高気温と売上高の散布図と直線回帰式

したがって、もしある日の予想最高気温（x）が28.0［℃］である場合、上記の回帰式のxに28.0を代入することで、その日のスポーツドリンクの売上高（y）は5,155［円］であろうと予測できる。

なお決定係数が式（4.8）によって求められるのは線形回帰の場合のみである。一般に決定係数は、標本値をy_i、またfを回帰式による推定値とすると

$$R^2 = 1 - \frac{\sum_i (y_i - f(x_i))^2}{\sum_i (y_i - \bar{y})^2} \qquad (4.12)$$

によって定義され、線形回帰の場合のみ相関係数の2乗（式（4.8））と一致する。

POINT!　　　　　　回帰分析（単回帰分析）とは…
- 片方の変数と他の変数との因果関係を表す回帰式を導き出す解析
- 直線で示される回帰式（直線回帰式）は　$y = ax + b$　で表される
- 回帰式の精度は決定係数で表され、1に近いほど精度が高い

第4章　複雑なデータの構造を読み解く

・単回帰式を求めることで，説明変数の値が確定すれば目的変数の値を予測することができる

第2節　3つ以上の変数間の関係をみる

第1節では，一方の変数が変化するともう一方の変数がどのように変化するかの2変数間の関係，いわゆる「1対1」の関係をみてきた。ここでは多変量データと呼ばれる，3つ以上の変数の関係をみる。

1　多変量データの解析の種類

多変量データの解析は，多くの変数を総合的に取り扱う解析手法である。2変数データの解析のように1対1の関係をみるだけではなく，3つ以上の変数を対象として，全変数や各変数間での関係性をみる解析である。これらの解析は計算が複雑な場合が多いが，Excelの分析ツールといった統計ソフトなどを使用することで容易に結果を得ることができる。

多変量データの解析は多くの変数を対象として解析を実施するため，解析の目的を明確にしたうえで，その解析方法の発想を理解し，自分の想定するモデルとの対応を考えなければならない。すなわち，1変数の解析や2変数の解析の時以上に「自分が一体何を知りたいのか」を明確に確認し，「それを知るためにはどの解析が適しているのか」を適切に判断して，目的やデータの特性などに適した手法をその都度選ばなければならない。

多くの多変量データの解析は，その目的によって以下の3つに分類することができる。

・予測する解析：1つの変数の傾向について，他の変数との関連性から予測する

・比較する解析：各変数間において，差の違いがあるかについて比較する

103

・まとめる解析：複数の変数を分類・整理して単純化する

　それぞれに対応する解析としてどのようなものがあるのか，代表的な多変量データの解析手法を２変数の解析の解析手法も含めて図表4-7に示す。本節ではこれらの解析のうち，相関分析を３つ以上の変数間で実施した行列散布図や相関行列，偏相関係数のほか，一般的に利用機会が多い重回帰分析（予測する分析）について紹介する。この手法はExcelでのデータ解析が可能であり，様々な場面で広く普及している。比較する解析であるt検定や分散分析も活用範囲は広いが，説明の都合上，本書では第３章で説明しているので参照していただきたい。さらに近年多くみられるようになってきた因子分析（まとめる解析）についても，概要的に紹介する。その他の解析の詳細についてさらに学びたい場合には，他の専門的な書籍を参考にしていただきたい。

解析の分類	解析名称	使用変数の量		主な用途
		2変数	3変数以上	
予測	相関分析	○		2変数間の増減の関係性をみる
	回帰分析（単回帰分析）	○		2変数間の関係を，事象と要因の関連として回帰式で表す
	回帰分析（重回帰分析）		○	3つ以上の変数間の関係を，1つの事象と複数の要因の関連として回帰式で表す
比較	t検定	○		2変数の母平均の間に差があるかどうかを判定する
	分散分析	△	○	2変数以上の母平均の間に差があるかどうかを判定する
	多重比較検定	△	○	2変数以上の母平均の間で，どの変数間に差があるかを判定する
	F検定	○		2変数の母分散の間に差があるかどうかを判定する
	カイ2乗検定	○		観測された数値と理論的な数値とが同じかや，2変数が独立しているかを判定する
まとめる	クラスター分析		○	2変数以上の変量を参考として，サンプルをグループ（クラスター）に分類する
	因子分析		○	3つ以上の変数間に潜在する共通因子を探る
	主成分分析		○	3つ以上の変数をまとめた合成変数を見出す

図表4-7　解析のタイプと解析手法の一例

104

第4章　複雑なデータの構造を読み解く

POINT!　　　　　　　　　　多変量データの解析とは…

- 3つ以上の変数を対象として，全変数や各変数間での関係性をみる解析
- 多変量データの解析は計算が複雑な場合が多いが，統計ソフトを使用すると容易に結果を得ることができる
- 解析の目的によって，予測する解析，比較する解析，まとめる解析に大きく分けられる
- 多変量データの解析を行う場合，解析の目的と手元にあるデータの特性を確認したうえで，それに適した解析方法をその都度選択する

2　行列散布図

　図表4-8を見ていただきたい。第1節の図表4-1に示した，あるコンビニにおけるその日のスポーツドリンクの売上高［円］と最高気温［℃］に，最低気温［℃］と湿度［%］の情報（変数）を追加したものである。第1節においては相関分析や回帰分析（単回帰分析）を実施して，売上高と最高気温との関係（1つの変数に対して1つの変数）について把握した。しかしながら売上高に影響を及ぼすと思われる要因（変数）は，当然ながら他にもある（1つの変数に対

No.	売上高 ［円］	最高気温 ［℃］	最低気温 ［℃］	平均湿度 ［%］
1	5,920	32.7	25.8	68
2	4,640	28.7	24.6	64
3	5,760	30.3	26.3	67
4	7,040	34.5	25.8	77
5	6,880	29.8	26.7	75
6	6,240	32.8	24.8	71
7	6,560	30.6	24.7	73
8	4,320	25.9	24.4	62
9	5,120	28.5	25.3	63
10	6,720	31.8	23.8	68

図表4-8　あるコンビニにおける1日のスポーツドリンクの売上高
（y）と最高気温（x_1），最低気温（x_2），湿度（x_3）

105

して複数の変数）と考えられる。

多変量データを解析するにあたり，2変数の場合と同様にまずは各変数間の関係性がありそうなのかをおおまかに把握することが有効である。もし関係性がありそうであれば，関係性がありそうな変数間に着目してその関係性を見出すための解析を集中的に行うことが有効だからである。2変数間の関係性をみる際には散布図を活用したが，ここではこれを応用した行列散布図を紹介する。**行列散布図**は変数のすべての組み合わせ等において散布図を作成し，クロス表と同様の形式で表記する。これにより各変数間の相関を視覚的にとらえること

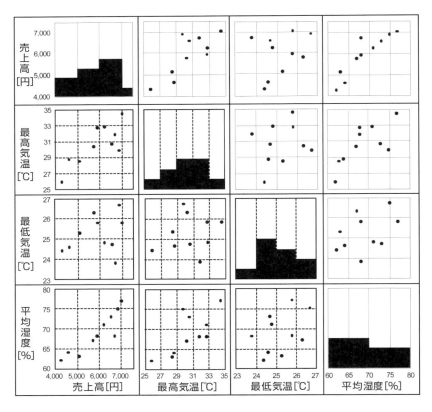

図表4-9　行列散布図（図表4-8の例）

第4章 複雑なデータの構造を読み解く

ができる。

図表4-8を例として行列散布図を作成すると図表4-9のとおりとなり，各変数（売上高，最高気温，最低気温，平均湿度）間における関係性を視覚的に把握することができる。また，場合によっては同じ変数が交差する部分である対角要素（同じ要素の組み合わせの部分）には，ヒストグラムを記載する場合もある。

POINT!
　　　　　　　　　　　　行列散布図とは…

- 3つ以上の変数を対象とし，各変数間の関係を示す散布図を全ての組み合わせ等で示したもの
- 対角要素の部分にはヒストグラムを記載する場合もある

3　相関行列と偏相関係数

前述の行列散布図により，図表4-8に示した各変数間における関係性について視覚的に把握することができた。次に，相関係数によって数値としての把握を行う。前にも述べたように，相関係数は一方の変数の数値が増減するともう片方の変数の数値が増減する2変数間の関係性を数値で表現したものである。今回のように多変量データを対象として複数の変数の相関係数をみる場合，式（4.13）のように相関行列によって各変数間の相関係数を表記する。

$$R = \begin{bmatrix} r_{aa} & \cdots & r_{na} \\ \vdots & \ddots & \vdots \\ r_{an} & \cdots & r_{nn} \end{bmatrix} \tag{4.13}$$

$a, \cdots, n$：変数
r_{an}：変数aと変数n間の相関係数

図表4-8に示すデータの場合，まずは各変数間の相関係数を求めると式（4.14）のとおりとなり，相関行列で表現すると式（4.15）のとおりとなる。

107

$$
\left.
\begin{aligned}
r_{yx_1} &= r_{x_1 y} = 0.786\\
r_{yx_2} &= r_{x_2 y} = 0.297\\
r_{yx_3} &= r_{x_3 y} = 0.907\\
r_{x_1 x_2} &= r_{x_2 x_1} = 0.203\\
r_{x_1 x_3} &= r_{x_3 x_1} = 0.718\\
r_{x_2 x_3} &= r_{x_3 x_2} = 0.418
\end{aligned}
\right\}
\quad
\begin{aligned}
&r:相関係数\\
&y:売上高\\
&x_1:最高気温\\
&x_2:最低気温\\
&x_3:平均湿度
\end{aligned}
\tag{4.14}
$$

$$
相関行列 R =
\begin{bmatrix}
r_{yy} & r_{x_1 y} & r_{x_2 y} & r_{x_3 y}\\
r_{yx_1} & r_{x_1 x_1} & r_{x_2 x_1} & r_{x_3 x_1}\\
r_{yx_2} & r_{x_1 x_2} & r_{x_2 x_2} & r_{x_3 x_2}\\
r_{yx_3} & r_{x_1 x_3} & r_{x_2 x_3} & r_{x_3 x_3}
\end{bmatrix}
$$

$$
=
\begin{bmatrix}
1.000 & 0.786 & 0.297 & 0.907\\
0.786 & 1.000 & 0.203 & 0.718\\
0.297 & 0.203 & 1.000 & 0.418\\
0.907 & 0.718 & 0.418 & 1.000
\end{bmatrix}
\tag{4.15}
$$

　ところで上記の相関係数だが，多変量データの場合にはある変数とある変数との間の相関係数であっても，他の変数が少なからず影響を及ぼしている場合がある。具体的には3変数の場合，変数Aと変数Bとの間の相関係数（r_{ab}）は，変数Cとの相関関係の影響を受けた数値の可能性がある。これを見かけ上の相関，**疑似相関**という。このような場合，変数Cの影響を受けていない相関係数も算出することができ，これを**偏相関係数**と呼んでいる。この偏相関係数を求めることにより，他の変数の影響を受けていない相関関係を把握することができる。なお，偏相関係数の数値の範囲は相関係数と同様に$-1 \le r \le 1$であり，1の絶対値（1と-1）に近いほど関係が強いことを意味する。これらの関係を図示すると図表4-10のようになる。

第4章 複雑なデータの構造を読み解く

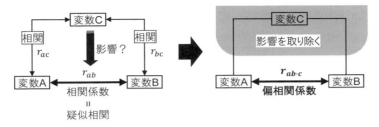

図表4-10　相関係数（疑似相関）と偏相関係数の概念

$$\text{偏相関係数} \quad r_{ab \cdot c} = \frac{r_{ab} - (r_{ac} \times r_{bc})}{\sqrt{1 - r_{ac}^{2}} \times \sqrt{1 - r_{bc}^{2}}} \tag{4.16}$$

$r_{ab \cdot c}$：変数Cの影響を受けていない変数$A - B$間の偏相関係数
r_{ab}：変数$A - B$間の相関係数（変数Cの影響あり，疑似相関）
r_{ac}：変数$A - C$間の相関係数
r_{bc}：変数$B - C$間の相関係数

　図表4-8を例とした場合，売上高（y）と最高気温（x_1）との相関について，式（4.4）で求めた相関係数は0.786であったが，もしかしたら売上高との相関が高い平均湿度（x_3）の影響が含まれているかも知れない。そこで平均湿度の影響を取り除いた偏相関係数（$r_{yx_1 \cdot x_3}$）を求めると

$$\text{偏相関係数} \, r_{yx_1 \cdot x_3} = \frac{r_{yx_1} - (r_{yx_3} \times r_{x_1 x_3})}{\sqrt{1 - r_{yx_3}^{2}} \times \sqrt{1 - r_{x_1 x_3}^{2}}}$$

$$= \frac{0.786 - (0.907 \times 0.718)}{\sqrt{1 - (0.907)^{2}} \times \sqrt{1 - (0.718)^{2}}} = 0.460 \tag{4.17}$$

各相関係数の数値は式（4.14）を参照

となり，売上高と最高気温との間の純粋な相関は高くなく，平均湿度という変数が両変数の相関に影響を与えていることが分かる。変数間の真の相関は複雑

に絡み合っている可能性があるので，解析の際には慎重に行うべきである。

POINT!

相関行列と偏相関係数とは…

- 3つ以上の変数を対象とし，各変数間の相関係数を行列表記したものを相関行列という
- 多変量データのときに各変数間における相関係数をみる場合，他の変数の影響を受けた数値である可能性がある
- 他の変数（1変数）の影響を取り除いた相関係数を偏相関係数という

4　回帰分析（重回帰分析）

　図表4-8において示した4変数について，ここでは複数の変数の変化によって1つの変数がどう変化するかを，式（回帰式）を立てて予測する重回帰分析を紹介する。

　第1節で紹介した単回帰分析では，1つの変数を目的変数，もう一方の変数を説明変数とし，その関係性を説明する**回帰式（単回帰式）**を導き出した。重回帰分析では，1つの変数を目的変数，残りの変数（2つ以上）を説明変数とし，その関係性を説明する**回帰式（重回帰式）**を求める。求める重回帰式は，以下のような式となる。

$$\text{重回帰式}：y = a_1x_1 + a_2x_2 + \cdots + a_nx_n + b \tag{4.18}$$

$$y：\text{目的変数}　a_i：\text{偏回帰係数}$$
$$x_i：\text{説明変数}　b：\text{切片}$$

　このとき，a_iを**偏回帰係数**という。偏回帰係数はその説明変数の係数であると共に，その説明変数が目的変数に対してどの程度の影響力をもつかを示している。これは0から離れているほど影響力が強いことを意味しており，他の説明変数の偏回帰係数と比較することで，どの説明変数が目的変数にどの程度影響しているかについて比較することができる。そして単回帰分析において出て

110

きた，回帰式の精度を示す決定係数R^2についても導き出されるが，この決定係数は重回帰式全体の精度となる。各説明変数の偏回帰係数の有効性については，別途t値（または有意確率p値）が存在する。このt値（またはp値）を確認することにより，目的変数に統計学的に影響があるのか各偏回帰係数（説明変数）の有意性を確認することができる。

　図表4-8のデータについて，売上高を目的変数（y），最高気温（x_1），最低気温（x_2），平均湿度（x_3）の3変数を説明変数としてExcelの分析ツールを用いて計算すると図表4-11の結果を得る。偏回帰係数は最高気温が100.55，最低気温が−71.37，平均湿度が139.01，切片は−4916.80，決定係数は0.8637となり，以下の重回帰式が求められる。

重回帰式：$y = 100.55x_1 - 71.37x_2 + 139.01x_3 - 4916.80$

決定係数：$R^2 = 0.8637$

(4.19)

y：目的変数　　（売上高）
x_1：説明変数1　（最高気温）
x_2：説明変数2　（最低気温）
x_3：説明変数3　（平均湿度）

　また各説明変数における偏回帰係数の有意性を確認するためのt値，p値は図表4-11のとおりとなり，今回の重回帰分析の結果より，5％の有意水準で売上高への影響がある（p値<0.05）のは平均湿度であるということが分かる（有意水準5％で有意である場合，p値の肩に「＊」をつけて示す）。この結果については第5章も参照いただきたい。

	説明変数	偏回帰係数	t 値	p 値	自由度
Excelでの表記		係数	t	P-値	自由度（合計）
	切片	-4916.80			
	最高気温(x_1)	100.55	1.2070	0.2728	
	最低気温(x_2)	-71.37	-0.4082	0.6973	9
	平均湿度(x_3)	139.01	3.1554	0.0197*	（共通）

図表4-11　各説明変数の編回帰係数と t 値，p 値

　ちなみに，単回帰分析（図表4-1，図表4-6）において有意であった最高気温が今回の重回帰分析において有意ではなくなったのは，決定係数（回帰式の精度）が上がっている（0.6178→0.8637）ためである。

　なお，重回帰分析を実施する際に注意することとして，説明変数間の多重共線性がある。**多重共線性**とは変数間に線形関係（比例関係）がある状態のことで，求めた係数の標準誤差が大きくなる結果，求めた値が信頼できないなどの問題が生じる。対象とする説明変数間においてこの多重共線性がないことを，相関分析などで事前に確認しておくことが必要である。

POINT！　　　　　　　　回帰分析（重回帰分析）とは…

• 1つの変数（目的変数）に対する複数の変数（説明変数）との因果関係を表す重回帰式を導き出す解析

• 目的変数と各説明変数との関係の強さは偏回帰係数で表される

• 重回帰式全体の精度は決定係数で表されるが，各説明変数における偏回帰係数の有意性については，各偏回帰係数のt値かp値で確認する必要がある

• 重回帰分析を実施する場合，事前に説明変数間に多重共線性がないことを確認する必要がある

第4章 複雑なデータの構造を読み解く

5 因子分析

次に示す図表4-12を見ていただきたい。これはある飲料を試飲してもらい、その飲料のイメージについて質問しようと思い作成したアンケート調査の項目である。そしてこの結果として、各評価尺度を5段階評価（左側を1点、右側を5点）し、その平均値をみると図表4-13のとおりであった。

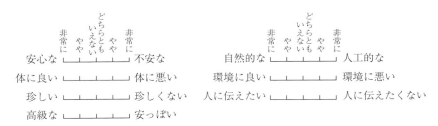

図表4-12 ある飲料のイメージ評価アンケートの評価尺度

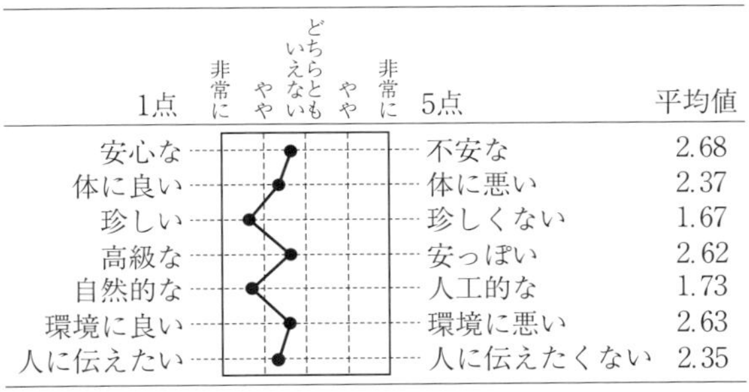

図表4-13 各評価尺度の平均値

この結果を見ると、この飲料は「珍しい」「自然的な」というイメージが強そうだということが考えられる。しかしここで1つの疑問が発生する。それは「アンケートの回答者はここにある評価尺度をそれぞれ独立した基準で評価しているか？」「もしかしたらいくつかの評価尺度は同じ基準で評価しているのでは？」ということである。ここでいう「同じ基準」というのをもう少し説明すると、図表4-12では全部で7つの項目について評価してもらっているが、

113

実は7項目それぞれについて個々に評価しているわけではなく，いくつかの「共通の基準」で評価している場合が多い。例えば「安心な／不安な」と「体に良い／体に悪い」といった各尺度を共に「ヘルシー感」という潜在的な基準（共通因子）を基として評価しているといった意味である。この様に商品についてのイメージを評価してもらうことにより，その商品のイメージ傾向はもちろんのこと，被験者（アンケートの回答者，サンプル）は評価において，どのような共通因子で評価しているのかを見出すことができる。この共通因子を明らかにする解析が**因子分析**である。

　因子分析は，多数の変数を評価する際の共通因子を見出したり，多数の変数をいくつかの基準によって似たものにまとめたりすることを目的として実施される。因子分析で**共通因子**（潜在評価尺度）を明らかにすることで，その商品のイメージを集約することができ，その集約したイメージを意識したマーケティング戦略を検討したりすることができる。

> **POINT！**
>
> 因子分析とは…
> - 多数の変数を評価する際の潜在的な基準（共通因子，潜在評価尺度）を見出す解析
> - 多数の変数をいくつかの基準によって似たものにまとめる解析

(1)　因子分析と主成分分析との違い

　因子分析と似た解析方法として，主成分分析がある。主成分分析の詳細について本書では述べないが，因子分析は軸の回転を行うことができ，そしていくつかの潜在的な成分（因子）を見出すための解析であるのに対し，主成分分析は多数の変数を総合化した最小限の成分（主成分）を見出すための解析（軸の回転はできない）であるのが大きな違いである。

114

第4章　複雑なデータの構造を読み解く

> **POINT!**　　　　　　　因子分析と主成分分析の違いは…
> ・因子分析はいくつかの潜在的な成分（因子）を見出す解析
> ・主成分分析は多数の変数を総合化し，最小限の成分（主成分）を見出す解析
> ・因子分析は軸の回転ができるが，主成分分析はできない

⑵　因子分析のアウトプットの解釈

　因子分析は一般に難しい解析であると思われることが多い。その原因として
は大きく2点あり，まずはSPSSといった統計を専門としたソフトを用いる少
し複雑な解析であること，そしてなによりも，結果の表（アウトプット）の用
語や解釈が初心者にはわかりづらいことである。ここではアウトプットに記載
されている各種専門用語の意味を理解してもらって共通因子を見出すまでの読
み解き方を解説する。

　まずは図表4-12に示した評価尺度で実施したアンケートの結果について
SPSSを用いて因子分析を実施した際の，最終的なアウトプットの一例（重みな
し最小二乗法，Promax法による斜交回転後）を図表4-14に示す。そして以下に各
用語や数値の読み方について，共通因子の解釈をするまでの順に沿って記す。

115

変数（評価尺度）	因子1	因子2	因子3	共通性	独自性
体に良い／悪い	0.91	-0.06	-0.11	0.72	0.28
安心な／不安な	0.70	-0.07	0.10	0.55	0.45
環境に良い／悪い	0.59	0.06	-0.05	0.34	0.66
自然的／人工的	0.33	0.27	0.26	0.41	0.59
珍しい／珍しくない	-0.03	1.02	-0.04	1.00	0.00
高級な／安っぽい	-0.05	-0.12	0.70	0.43	0.57
人に伝えたい／伝えたくない	-0.02	0.10	0.43	0.21	0.79
固有値	2.659	1.134	1.048		
寄与率　（Varimax回転後, %）	37.99	16.20	14.97		
累積寄与率（Varimax回転後, %）	37.99	54.19	69.15		

各因子の解釈　　因子1：ヘルシー感
　　　　　　　　因子2：珍しさ
　　　　　　　　因子3：ブランド感

因子抽出法：重みなし最小二乗法
回転法：Promax法

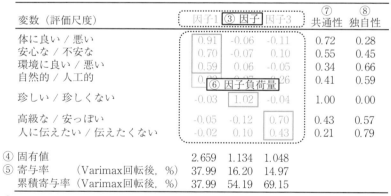

① 因子抽出法：重みなし最小二乗法
② 回転法：Promax法

図表4-14　因子分析のアウトプット例と用語

第4章　複雑なデータの構造を読み解く

　因子抽出法（図表4-14の①）について，因子分析において因子を抽出する際の方法はいくつかあり，代表的なものとしては最小二乗法（重みあり，重みなし），主因子法，最尤法（さいゆうほう）などが挙げられる。

　回転法（図表4-14の②）について，因子の解釈をする際，解釈しやすくするために軸を回転して解釈する場合が多い。軸の回転方法には，両方の軸の交差角度を常に直角にしたまま回転させる直交回転と，各軸をそれぞれ任意の角度で回転させる斜交回転の2つに大きく分けられる（図表4-15）。一般に直交回転による解釈でも難しい（因子の解釈の際，直交回転後では因子間において相関性が無いと仮定して解釈をしなければならない）場合，さらに斜交回転を実施することで因子の解釈がしやすくなる（斜交回転後は，因子間において相関性がある解釈でもよい）。

	直交回転	斜交回転
代表的な回転基準	バリマックス（Varimax）法 クォーティマックス（Quartimax）法	プロマックス（Promax）法 クォーティミン（Quartimin）法
回転方法の概念	各軸との交差角が90°のまま回転	各軸が各々の角度で回転
主な特徴	・因子の解釈の際，因子間で相関性が無いと仮定して解釈をする ・各因子における因子負荷量と相関係数の数値が同じ ・因子得点を抽出しての分析に適している	・因子の解釈の際，因子間で相関性のある解釈をしてもよい ・因子得点を抽出しての分析の解釈が難しい・できない場合がある ・各因子における因子負荷量と相関係数の数値が異なる

図表4-15　直交回転と斜交回転

117

因子（図表4-14の③）は変数間に共通する共通因子（潜在評価尺度）のまとまり（グループ）であり，因子の最大数は変数の数となる。今回の場合，変数（評価尺度）は7つなので，因子の数は最大で7つとることができる。

固有値（図表4-14の④）は共通因子の数を決定する際の目安に用いる数値であり，固有値の合計は変数の数となる。一般に固有値が1以上までの数を共通因子数とする。今回の場合，因子3における固有値が1.048，因子4における固有値が0.776であるため，共通因子数は3つ（因子1～因子3）と設定し（図表4-14，図表4-16），この3つの因子についての解釈を行う。

寄与率（図表4-14の⑤）とはその因子によって説明できる割合（その因子でどの程度説明できているか）を示した数値である。因子はこの寄与率が大きい順に並んでおり，寄与率を累積した（順に足していった）のが累積寄与率である。寄与率は軸の回転（直交回転）を行うことで変化するが，斜交回転後の寄与率の算出は困難なため，一般に回転をした際には直交回転後の寄与率を最終的な寄与率として扱う。今回の場合，扱う寄与率はVarimax回転（直交回転）後の寄与率とし，最も寄与率の大きい因子1は，全体の37.99％を説明していることになり，因子1～3の寄与率を足した累積寄与率は69.15％で，「この3つの共通因子で全体の69.15％を説明できている」ということになる（図表4-14，図表4-16）。

因子	固有値	寄与率	累積寄与率	
	合計	分散の %	累積 %	SPSSでの表記
1	2.659	37.99	37.99	
2	1.134	16.20	54.19	
3	1.048	14.97	69.15	固有値が1以上なので因子数を3として因子の解釈を実施する
4	0.776	11.08	80.23	
5	0.602	8.60	88.83	
6	0.419	5.98	94.81	
7	0.363	5.19	100.00	

因子抽出法：重みなし最小二乗法

図表4-16　因子数と固有値，寄与率（SPSSのアウトプットより作成）

第4章　複雑なデータの構造を読み解く

　因子負荷量（図表4-14の⑥）とは各変数と因子との関係性（相関）を示す数値である。基本的には相関係数と同じで，数値の範囲は−1〜1となり，0から離れているほどその因子との相関が高いことを意味する。ただし斜交回転を実施した場合には因子負荷量の数値と相関係数の数値とが異なり，1（−1）を超えた数値になることがある。解釈における一つの目安として，因子負荷量が｜0.4｜以上（0.4以上，−0.4以下）であれば，その因子との相関があるといえる。図表4-14の因子1を例とすると，身体に良い／悪い，安心な／不安な，環境に良い／悪い，という変数（評価尺度）の因子負荷量がそれぞれ0.91，0.70，0.59で，この3つの変数が因子1との関係性が高いということになる。なお自然的／人工的は｜0.4｜以下ではあるが，他の因子と比べて因子1の因子負荷量が大きく，｜0.3｜以上なので，参考として因子1に含める場合もある。

　共通性（図表4-14の⑦）とはその変数における共通因子の影響力（共通因子を探り出す際にどの程度貢献しているか）を示す数値である。最大値は原則として1であり，値が高いほど影響力が大きく，値が小さい変数は今回の因子分析における影響力が小さいといえる。図表4-14の場合，共通性が高い変数（評価尺度）は珍しい／珍しくない（1.00），身体に良い／悪い（0.72），安心な／不安な（0.55）で，これらの変数の影響力が強いということになる。因みに共通性とほぼ反対の意味を持つのが独自性（図表4-14の⑧）であり，その変数における共通因子以外の影響力（独自の因子で説明される程度）を示し，純粋にその変数（評価尺度）のみでどの程度評価したかを意味する。独自性の算出方法も数値1から共通性を引いた値（1−（共通性））である。図表4-14の場合，身体に良い／悪いという変数（評価尺度）は，共通性が0.72，独自性が0.28であることから，純粋に「体に良い／悪い」という観点で評価した程度は低く，因子1〜3の潜在評価尺度（特に因子1の潜在評価尺度）によって評価した程度が高いということになる。

(3)　因子の解釈（潜在評価尺度の解釈）

　以上の情報をもとに，因子の解釈（共通因子を見出す）を実施する。これは各因子について，どのような共通因子でまとめられているのか（評価されているの

119

か)を因子負荷量や共通性,独自性を参考として解釈(命名)して共通因子(潜在評価尺度)を見出すことであり,統計ソフトなどで導き出すものではなく,各因子と関係性の高い変数から考えて導き出す(解釈する)。図表4-14の因子1を例とすると,因子内で因子負荷量の数値が大きい「身体に良い/悪い」,「安心な/不安な」,「環境に良い/悪い」(|0.4|以上),「自然的/人工的」(|0.3|以上)という4つの変数(評価尺度)を対象とし,4つとも心身の健康に関わる評価尺度であると判断できることから,「ヘルシー感」が共通因子であると解釈できる(図表4-17)。

図表4-17　因子の解釈の模式図(図表4-14の因子1の例)

> **POINT!**　因子分析のアウトプットを読み解くには…
> - 抽出方法や軸の回転の有無,因子数設定の根拠を確認し,どの様にして抽出された結果であるかを確認する
> - 因子負荷量や共通性,独自性を確認し,各変数と因子との関係を確認する
> - 各因子と変数の関係から,各因子をどのような共通因子として解釈(命名)しているかを確認する

(4) 因子得点の活用

因子分析の結果をさらに活用したものとして,**因子得点**がある。因子得点とは各サンプルと因子との関係性を示した数値であり,そのサンプル(被験者な

第4章　複雑なデータの構造を読み解く

ど）がその因子の影響をどの程度受けているのかを確認することができる。なお，因子得点は平均値が0，分散が1に標準化された数値である。因子得点の活用例としては，因子分析で対象としなかった変数を目的変数，各因子の因子得点を説明変数とした重回帰分析などが挙げられる。その際，因子得点は因子負荷量の抽出（軸の回転も含める）が終わった後に抽出されるので，直交回転後なのか斜交回転後なのかで数値の扱い方が異なるので注意しなければならない。軸の回転後の解釈において説明したとおり，直交回転は因子間の相関が無く，斜交回転は相関がある。これは因子の解釈においては斜交回転にとって有利に働いたが，因子得点を用いた重回帰分析の場合は逆である。直交回転後に抽出した因子得点は因子間に相関が無く，独立した関係である。しかしながら斜交回転後に抽出した因子得点は因子間に相関があるので，これらを説明変数とした重回帰分析を実施する場合には，多重共線性の問題を考慮しなければならず，直交回転後の因子得点を使用することが望ましい。

　今回の場合，因子分析で対象とした評価尺度とは別に「また飲みたい／もう飲みたくない（5段階評価）」を回答してもらっていた場合，「また飲みたい（1点）／もう飲みたくない（5点）」を目的変数，因子1～3の因子得点（直交回転後に抽出）を説明変数とした重回帰分析を実施した結果，式（4.20）のとおりとなり，因子3の「ブランド感」，次いで因子1の「ヘルシー感」の影響力が強いことが分かり，この飲料について，また飲みたいというイメージはブランド感，ヘルシー感が強くなることによって強くなるということが考えられる（図表4-18）。

説明変数(y)	また飲みたい／もう飲みたくない	偏回帰係数	t値	p値	自由度
切片		2.70			
因子1 (x_1)	ヘルシー感	0.17	1.9876	0.0493*	3 (共通)
因子2 (x_2)	珍しさ	-0.06	-0.8510	0.3966	
因子3 (x_3)	ブランド感	0.63	5.8007	<0.001*	

図表4-18　因子得点を説明変数とした重回帰分析（最小二乗法）

重回帰式：$y = 0.17x_1 - 0.06x_2 + 0.63x_3 + 2.70$

決定係数：$R^2 = 0.2804$ (4.20)

y：目的変数 （また飲みたい／もう飲みたくない）
x_1：説明変数 1 （因子 1：ヘルシー感）
x_2：説明変数 2 （因子 2：珍しさ）
x_3：説明変数 3 （因子 3：ブランド感）

POINT! 　　　　　　　　因子分析の結果をさらに活用するには…

• 因子得点を抽出し，各サンプルと因子との関係性をみたり，他の変数を目的変数，各因子を説明変数とした重回帰分析などを行うことができる

• 因子得点を抽出する際，軸の回転の有無および回転方法を確認する

• 斜交回転後に抽出した因子得点は各因子間に相関があるため，重回帰分析には適さない（多重共線性の問題）

第5章　実際に計算してみる
－ Excel の活用 －

第1節　は じ め に

　この章は，第1章から第4章までに説明したことをマイクロソフトの表計算ソフト「Excel」を使って例示や演習することを目的としている。学習を進めるには以下のサイトから統計処理に必要なExcelファイルをダウンロードし，この章の説明に従って実際にコンピュータで操作していただきたい。

　　URL　　http://www.zeikei.co.jp/　税務経理協会ホームページ
　　　　デジタル　　　ボタンをクリックする。
　　パスワード：toukei 2017

　Excelは何度もバージョンアップを重ね，新しい機能が付与されるとともに外見や操作方法も変わってきた。現在では，主なバージョンとして97-2003版，2007版，2010版，2013版，2016版などが利用されている。ワードやパワーポイントなど，他のオフィスソフトとの操作の整合性を高めるため，バージョンの違いにより，**リボン，メニュー，コマンド**などの機能のグループ化が異なる。ひとつのバージョンに慣れた利用者にとっては，他のバージョンは使いにくいと感じがちである。自分が使いやすいようにカスタマイズする機能も備わっているが，カスタマイズしたものに慣れてしまうと，それ以外のものが使いにくくなる弊害も出てしまう。本書は2016版での使用を想定しているが，いくつかの解法を列記しているので，基本的には旧版でも使用可能である。Excelの使い方については，オンライン・トレーニングとしてMicrosoft サポート（https：

123

//support.office.com/）にOfficeのヘルプとトレーニングがある。また，多くのExcel機能説明サイトが存在するので参考にするとよい。

1　本書に準拠したExcelファイルの構成

本章の説明や例示，演習などは，以下の7つのExcelファイル（ブック）で構成している。それぞれのExcelファイルにはいくつかのシートがあり，単元や例題ごとに分かれている。それぞれのExcelファイルの最初のシートは，内部シートの内容とそのシートへのリンクを示している。

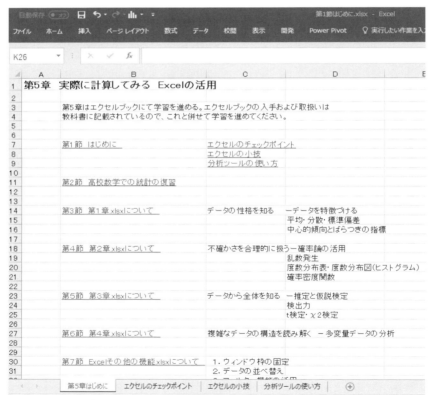

図表5-1　はじめにを開いた時のExcel2016版での表示例

第5章　実際に計算してみる

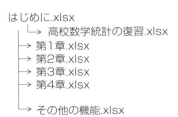

図表5-2　本章に準拠したExcelファイル間のリンク

2　はじめに.xlsxについて

　はじめに.xlsxファイルはシート5-1-1 Excelのチェックポイントとシート5-1-2 Excelの小技として，Excelを使うときの要点を取り上げている。Excelはそれぞれの機能をプルダウン式のコマンドメニューやボタン，右クリックで開くパネルなどに割り当てている。すべてを知っておく必要はないが，知っておくと便利な機能も多いので確認しておくとよい。またExcelの特徴として，いろいろな解法が用意されている。例えば相関係数を求める場合，① 手計算による方法，② Excelの統計関数を利用する方法や**散布図**から求める方法，③ **分析ツール**を利用する方法などがある。本章では統計ソフトの利用が主目的なので，主として②および③の方法を使用している。

　③の分析ツールは，Excelで統計処理を行うための機能がまとめられたものであるが，初期状態では使えないので機能追加（アドイン）する必要がある。その設定方法は以下のとおりである。

　ファイル・オプション・アドインで分析ツールを機能追加すると，データメニューにデータ分析のリボンが追加される。次にこのデータ分析ボタンをクリックすると，図表5-3のようにデータ分析用のパネルが開き，必要な機能を選択することができる。実際の操作の詳細は，シート5-1-3分析ツールの設定法を参照していただきたい。

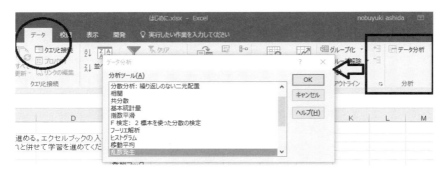

図表5-3 分析ツール（データ分析）のパネル

第2節　高校数学統計の復習.xlsx について

　高校で学ぶ数学のうち統計を取り扱う単元は，数学Ⅰの「データの分析」と数学Bの「確率分布と統計的な推測」である。この他にも関連する内容として，数学Ⅱの「二項定理・指数関数・対数関数」や数学Aの「場合の数と確率」などがあり，これらを知っておくと統計学を理解するのに役立つ。

　しかし現在の高校数学のカリキュラムでは，これらをすべて学んで高校を卒業する学生ばかりではない。大学の統計学でいきなり，これらの知識を前提とされたら戸惑う学生も多いと思われる。以下のシートは，これから学ぶ統計学のキーワードについて説明している。

① 　数学Ⅰ「データの分析」のキーワード（シート5-2-1）

　　代表値，データのちらばり度合いに関する指標，2変数の関係，および散布図について，知っておくべきキーワードを列挙している。

② 　数学B「確率分布と統計的な推測」のキーワード（シート5-2-2）

　　確率分布，連続型確率変数，分布曲線，標本調査について知っておくべきキーワードを列挙している。

　これらの項目は本書の第1章から第4章で説明されているので，ここでは，すでに高校の単元として取り上げられているということを確認する程度でよい。

第5章　実際に計算してみる

第3節　第1章.xlsxについて

1　度数分布表を作る（シート5-3-1）

このシートでは(1)COUNTIF関数を使う方法，(2)分析ツールを使う方法，また(3)生データ（ローデータ）から直接ヒストグラムを描く方法（2016版の新機能）を解説している。

(1)　COUNTIF関数（またはCOUNTIFS関数）を使う方法

①　データの全体をながめ，階級数と各階級の下限，上限を決める。

②　COUNTIF関数を利用して各階級の下限と上限の間に含まれる個数を数える。

例えば，COUNTIFS（データ範囲," >= "＆50,データ範囲," < "＆60）は，データ範囲内に50以上で60未満のデータの個数を得る。

③　上の操作をすべての階級で行い，度数分布表を作る。

④　各階級の度数の棒グラフを作成し，横軸の軸ラベル，要素の間隔（棒グラフの間隔をなくす）などの整形を行いヒストグラムを完成させる。

階級数は任意に設定できるので，大きな幅で少ない階級数にすることも，また小さな幅で多くの階級数にすることもできる。一般にデータの数と階級数は**スタージェスの公式**　階級の数 = 1 + log N/log 2（Nはデータ数）で求めると分布の全体を把握しやすいヒストグラムを描くことができる。

(2)　分析ツールを使う方法

①　データ区間として各階級の上限値を設定しておく。

②　分析ツール・ヒストグラムを選び，データ範囲とデータ区間および出力先を指定する。

③　出力先に度数分布表が出力されるので，これをグラフ化する。

Excelでは，**データ区間**は度数分布表の階級値とは異なり，その級の上限値となっていることに注意が必要である。

(3) 生データより標準的なヒストグラムを直接得る方法

Excel 2016版ではグラフ機能としてヒストグラムが追加され，生データより標準的なヒストグラムを直接得ることができる。詳細はシート5-3-1を参照していただきたい。

さらに，FREQUENCY関数でそれぞれの階級の頻度を求め，ヒストグラムを作成することもできる。

2　箱ひげ図を作る（シート5-3-2）

箱ひげ図は図表5-4に示すように，最小値，最大値，中央値，第1四分位数および第3四分位数の情報を含んだ図であり，分布の偏りや多群の分布の比較を視覚的に行うことができる。

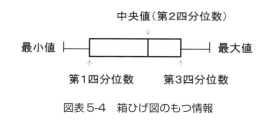

図表5-4　箱ひげ図のもつ情報

これらの数値はMAX関数　MIN関数およびPERCENTILE関数で求めることができる。PERCENTILE（配列，率）関数では，例えばPERCENTILE（配列，0.5）では中央値，PERCENTILE（配列，0.25）は第1四分位数，PERCENTILE（配列，0.75）は第3四分位数を得ることができる。

Excel 2016版では，データが格納された範囲を選択しておき，順に挿入メニューからグラフの挿入，箱ひげ図を選ぶことにより直接描くことができる。

第5章　実際に計算してみる

図表 5-5　箱ひげ図の描き方

3　データの要約（シート5-3-3）

分析ツール・基本統計量を利用する。データが格納されている範囲を指定し，基本統計量の項目を選ぶと，図表5-7に示すような基本統計量が出力される。

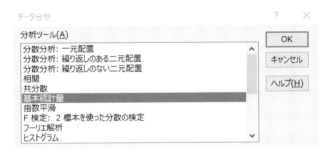

図表 5-6　分析ツール・基本統計量

これらの統計量は，それぞれExcelの統計関数で求めることができる。直接セルに式を入れることでも結果を得ることができるので，基本的な統計関数は覚えておくほうがよい。

分析ツールで得られる統計量	Excelの統計関数
平均	AVERAGE（データ範囲）
標準誤差	標準偏差／√データ数
中央値（メジアン）	MEDIAN（データ範囲）
最頻値（モード）	MODE（データ範囲）
標準偏差	STDEV（データ範囲）
分数	VAR（データ範囲）
尖度	KURT（データ範囲）
歪度	SKEW（データ範囲）
範囲	最大値－最小値
最小	MIN（データ範囲）
最大	MAX（データ範囲）
合計	SUM（データ範囲）
データの個数	COUNT（データ範囲）

図表5-7　分析ツール・基本統計量で得られる統計量と個々の統計関数

　練習問題（シート5-3-4）　分析ツールを使って基本統計量を求め，ヒストグラムを作成する練習を行う。

　第1章の本文に出題されている練習問題の90個のデータが，B列のB4からB93に格納されている。これらのデータをシート5-3-3データの要約の要領で，**基本統計量**を出力すると平均や標準偏差などが出力される。

　平均値や標準偏差については，第1章をもう一度，読み返して確認しておく必要がある。散らばり度合いの指標としての標準偏差は，平均値と同じ単位を持つが異なる単位間の比較はできない。そこで，**変動係数(%)＝標準偏差／平均値**　により単位のない指標を用いることもある。

　また，データの度数分布は，「度数分布表を作る（シート5-3-1）」の要領で，分析ツールを使ってそれぞれの階級の頻度を求め，**ヒストグラム**として図示することができる。

第5章　実際に計算してみる

度数分布図（ヒストグラム）を描いてみましょう。
2-1　分析ツールを使ったヒストグラムの描き方

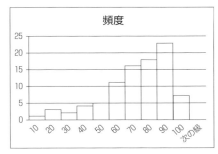

図表5-8　分析ツールを使ったヒストグラム作成

また2016版では，生データから直接ヒストグラムを作成することができるが，その出力例は以下のとおりである。この自動作成されたヒストグラムの階級の幅などを変えることができる。

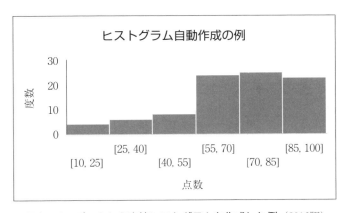

図表5-9　データから直接ヒストグラムを作成した例（2016版）

第4節　第2章.xlsx について

1　乱数でさいころをつくる（シート5-4-1）

　標本の抽出は，意図的な思惑を排除した無作為抽出が前提となっている。これはランダムサンプリングともいう。作為のない抽出方法として，乱数による標本抽出がある。乱数とは，「でたらめ」ではなくて，次にでてくる数字が予測できないとの意味である。

　「さいころ」は1から6までの整数の一様乱数（均一乱数）の例としてあげられる。コンピュータシミュレーションではコンピュータが作り出した乱数をもとに，試行を行う。Excelで乱数を発生させるには，RAND関数を用いる方法や分析ツールにある乱数発生を用いる方法がある。

　関数　＝ RAND（）　で得られる数値は0から0.999…の一様乱数なので，「さいころ」を作ろうとすると，＝ INT（RAND（）＊6＋1）と関数を組み合わせれば，1から6の整数を得ることができる。シート5-4-1では「さいころを15回振る」と「さいころを100回振る」ときの出た目の平均値と分散が表示される。F9キーを押すことにより再計算が行われるので，出た目の平均値と分散がどのように変化するかを確認することができる。

(1)　さいころを1000回振った時のヒストグラム（シート5-4-2）

　RAND関数で作成したさいころを1000回振った時の出た目のヒストグラムを表示している。F9キーを押すことにより再計算が行われるので，出た目がどのような分布となるのか確認できる。（一様乱数であることの確認）

(2)　n個のさいころの出た目の和（シート5-4-3）

　「2つのさいころを振り，その和を求める。3つのさいころを振り，その和を求める。4つのさいころを振り，その和を求める。」という試行実験を示している。

(3)　4個のさいころの出た目の和　試行回数を増やす（シート5-4-4）

　4つのさいころを15回振った場合と20回振った場合で，その和はどのような

第5章　実際に計算してみる

分布となるかの試行実験を示している。

2　二項分布（シート5-4-5）

コイン投げの裏表，有り無し，賛成反対のような排反事象で，それぞれの起こる確率の和が1である事象が起こる確率の分布。**BINOM.DIST（成功数，試行回数，成功率，関数形式）**として関数形式をFalseとすると，成功数の起こる確率が求まる。

3　ポアソン分布（シート5-4-6）

例えば，明日ある特定の人が交通事故で亡くなる確率は非常に小さいけれど，県内や全国での交通事故死亡者数は，その確率に人口を掛けるので，ある一定の数となる。日々の交通事故で亡くなる人数を記録するとこれは**ポアソン分布**に従う分布となる。一般に，起こる確率 p は非常に小さいが，試行回数 n が大きく，λ 回起こるとき，λ は，$\lambda = p \cdot n$ で表わすことができる。このとき，標準偏差は $\sqrt{\lambda}$ となる。ポアソン分布の例としては，ほかにも一定時間内に電話がかかってくる回数，客の来店数，放射性核種の壊変（放射能測定）など，待ち行列問題として扱われることが多い。関数としては**POISSON.DIST（事象の数，事象の平均，関数形式）**がある。関数形式をFalseにすると事象の数が起こる確率が求まる。また，分析ツール・乱数発生ではポアソン分布に従った乱数を発生させることができる。

4　正規分布（シート5-4-7）

正規分布の誕生にはドイツのガウスが大きく貢献し，これがガウス分布とも呼ばれることは第2章でも紹介した。旧ドイツマルク札にはこの功績を称え，ガウスの肖像画と正規分布が入っていた。

133

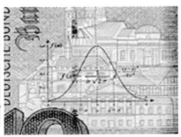

ドイツ10マルク札（旧）のガウス肖像画
1777－1855

正規分布のグラフと式

図表5-10　旧ドイツマルク札に描かれたガウスの肖像画と正規分布の式

　正規分布は連続で，単峰型分布，対称形をしている美しい釣鐘型である。身長・成績・検査データなど世の中のことがらの多くが，自然科学の対象だけでなく，社会科学的なデータにおいても正規分布を示すことが知られている。

(1)　**正規分布を描く**（シート5-4-8）

　関数　= NORM.DIST（x，平均，標準偏差，False）を使用し曲線を描くことができる。このとき，平均値±3×標準偏差の区間にほとんどの数値が含まれる。2007版以前との互換性を保つため = NORMDIST（x,平均，標準偏差，False）もある。

　　注意：NORM.DIST関数の4番目の引数がFalseの場合は曲線の式，Trueの場合は累積分布（確率）を表す。

第5章　実際に計算してみる

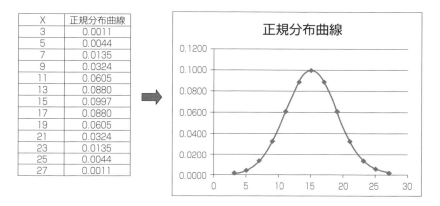

図表5-11　平均値15.0標準偏差4.0の正規分布曲線

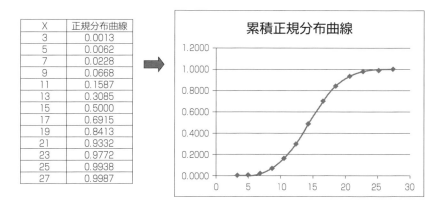

図表5-12　平均値15.0標準偏差4.0の正規累積分布曲線

　シート5-4-8を使用し，任意の平均値と標準偏差を指定のセルに入力すると，その正規確率密度関数および正規累積分布関数を自動的に描くことができる。

　平均値と標準偏差が分かるとその分布の形状を知ることができるが，すべてのデータを**標準化**することにより標準正規分布 N(0,1) に変換することができる。標準化とは，各データ x_i から平均値 $\bar{x}$ を引き，標準偏差 s で割る手順のこ

とで，得られたZ_iは標準正規分布$N(0,1)$に従う。

　成績比較によく用いられる**偏差値**は，偏差値＝10×{(各自の得点－平均点)／標準偏差}＋50 の式より，平均50，標準偏差10に変換したものである。

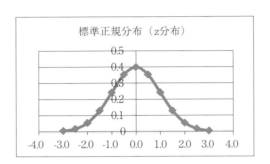

図表5-13　標準正規分布　平均値0.0　標準偏差1.0

　第2章で説明されたいろいろな分布の確率密度をあらかじめ計算して表にまとめられた分布表について，Excel統計関数を用いて作成してみる。

(2)　**正規分布表の作成**（シート5-4-9）

　統計学の教科書の巻末には，必ず標準正規分布の表が記載されている。Excelの統計処理機能を使わずに正規分布の問題を解く場合にはこの表のお世話になる。関数＝NORM.DIST(z, 0, 1,True) または＝normsdist(z) では，平均0から距離zまでの面積（確率）を求めることができる。zの値を0.00から3.00まで変化させ，得られた値を表で表すと図表5-14のような正規分布表ができあがる。

第5章　実際に計算してみる

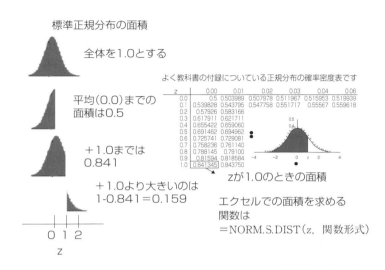

図表5-14　標準正規分布表と正規確率密度関数の面積（確率）の求め方

(3) その他の分布表の作成

同様の手続きで，その他の分布表も作ることができる。以下順に

　　t分布表（シート5-4-10）　　　＝T.INV（確率，自由度）
　　χ^2分布表（シート5-4-11）　　＝CHISQ.INV（確率，自由度）
　　F分布表（シート5-4-12）　　　＝F.INV（確率，自由度1，自由度2）

本書でも標準正規分布表を含めて，巻末にこれらの分布表を参考までに掲載している。

第5節　第3章.xlsxについて

第3章で出題された問題を中心に，ここでの独自の例題を含めてExcelを使った解法について説明する。

1 区間推定

(1) 母平均の信頼区間（母分散既知　大標本）（シート5-5-1）

例題1　問題文より標本平均＝194000，標本標準偏差＝42000，データ数＝5000，信頼係数＝0.95であるので，巻末の正規分布表を用いないでExcel統計関数NORM.S.INV関数を用いると（194000 − NORM. S. INV（1 − 0.05 / 2）* 42000/SQRT（5000），194000 + NORM. S. INV（1 − 0.05 / 2）* 42000/SQRT（5000））となる。

また，CONFIDENCE（有意水準，標準偏差，データの個数）関数を用いると，

194000 ± CONFIDENCE（0.05，42000，5000）＝ 194000 ± 1164

すなわち　192836 < μ < 195164となる。

この2つの方法は標本平均と標本標準偏差が得られている場合である。得られていない場合は分析ツールの「基本統計量」の中の「平均の信頼区間の出力」にチェックを入れた時に得られる「信頼区間（95.0%）」の値を利用して直接求める方法もある。この値は，第3章式（3.10）の $t_{n-1,0.05/2} \times \dfrac{s}{\sqrt{n}}$ の値を示す。大標本の場合，

$$t_{n-1,0.05/2} \times \frac{s}{\sqrt{n}} \approx z_{0.05/2} \times \frac{\sigma}{\sqrt{n}}$$ としてよい。

(2) 母分散の信頼区間（母分散未知　小標本）（シート5-5-2）

例題2　標本平均と標本標準偏差が得られていないので，分析ツールの「基本統計量」の中の「平均の信頼区間の出力（95.0%）」にチェックを入れて標本平均と平均の信頼区間（95.0%）を求めると，それぞれ126.15と0.30である。したがって，信頼上界と下界は126.15 ± 0.30である。

CONFIDENCE 関数を用いると，基本統計量より標本標準偏差＝0.3546，またデータ数＝8，信頼係数＝0.95より，126.15 ± CONFIDENCE（0.05, 0.3546, 8），また，T.INV.2T 関数を用いると，信頼区間は標本平均値 ± T.INV.2T（a, 自由度）* 標本標準偏差/$\sqrt{個数}$ であり，126.15 ± T.INV.2T（0.05, 7）* 0.3546/$\sqrt{8}$．

第5章　実際に計算してみる

すなわち，いずれも　$125.85 < \mu < 126.446$ となる。

2　仮説の検定

(1)　コイン投げの例

第3章では検定の事例として下記の例題紹介があったが，Excelでの解法は以下のとおりである。

（例題）　1つのコインを10回投げて，9回表がでた。このコインは歪みのない正しいコインであるかという検定についてExcelを使った解答例。

仮説の設定は第3章と同じく歪みがない，として9回以上出る確率を求める。

9回表が出る確率は $COMBIN(10, 9) * (1/2)^9 * (1/2) = 0.009766$ であり，10回表が出る確率は $COMBIN(10, 10) * (1/2)^{10} = 0.000977$。したがって9回以上表が出る確率は $0.009766 + 0.000977 = 0.010743 < 0.05$（有意水準）となり，棄却でき，歪みがあると判断できる。

(2)　母平均の検定

【問題1】の解答例

問題文より，母平均 = 16，標本平均 = 15.1，標本標準偏差 $s = 3$，データ数 = 100であり，母標準偏差 σ = 標本標準偏差 $s = 3$ とすると，検定統計値は $ABS(15.1 - 16)/(3/SQRT(100)) = 3$ となる。この値は棄却限界値1.96より大きいので棄却できる。

【問題2】の解答例

帰無仮説については，標本平均は広告の値と同じである。問題文より，母平均 = 15，母標準偏差 σ = 未知，標本平均 = 18，標本標準偏差 $s = 5$，データ数 = 16と小標本なので検定統計値 t 値は，$ABS(18 - 15)/(5/SQRT(16)) = 2.4$ となり，$T.INV.2T(0.01, 15) = 2.947$ より小さいので棄却できない。

3　2標本の検定

第3章では，2つの母平均の差の代表的な検定問題として，男女間の賃金や赤血球数の違いなどを取り扱った。臨床系・実験系の統計処理では，対照（コ

ントロール）との比較，例えば健常群と疾患群，服薬した群としなかった群の違いなど異なる２群の違いについて検定することが多い。その場合，２つの群に違いはないという仮説（帰無仮説）を立て，もし違いの確率が大きいときには違いがある（対立仮説）という結論を導く方法を採用する。検定には，間隔尺度や比例尺度のデータで正規分布を前提とした２群の違いを調べるt検定などのパラメトリック検定と，名目尺度などのデータがどのような分布であっても使用できるノンパラメトリック検定がある。

(1) **２群の平均値の差の検定**（シート5-5-7）

【問題３】の解答例

この問題では投与前後の値の変動は，対応する２群の平均値の差の検定として扱う。したがってその手順は

① 分析ツール・t検定　一対の標本を選ぶ

図表5-15　t検定：一対の標本による平均の検定

② 対になったデータについて変数１，変数２の範囲を指定すると，出力先に図表5-16の結果が出力される。P(T＜＝t) 両側の値は0.271246＞0.05となり，帰無仮説は棄却できない。

第5章　実際に計算してみる

t-検定：一対の標本による平均の検定ツール

	変数 1	変数 2
平均	128.8	127.4
分散	176.62222	253.3778
観測数	10	10
ピアソン相関	0.9826026	
仮説平均との差異	0	
自由度	9	
t	1.1721057	
P(T<＝t) 片側	0.1356231	
t 境界値片側	1.8331129	
P(T<＝t) 両側	0.271246	⟶
t 境界値両側	2.2621572	

図表 5-16　結果の出力例

　ちなみに分析ツールを用いなくても，統計関数 **T.TEST 関数**により直接 p 値
を求めることもできる。**T.TEST（配列1，配列2，検定の指定，検定の種類）**
を使い，検定の指定は 2 の両側検定，検定の種類は 1 の対応のある 2 群を選ぶ。
結果は分析ツールの場合と同じく p 値 0.271246 を得ることができ，p 値＞0.05
で棄却できない。

(2)　**2つの母平均の差の検定**（シート 5-5-8）

　第 3 章の練習問題 1，問題 4，問題 5 のいずれの問題も **T.TEST（配列1，
配列2，検定の指定，検定の種類）**により，p 値を求めることができる。この
場合，検定の指定は 2 の両側検定，検定の種類は 2 の等分散の 2 群を選ぶ。判
定に関する詳細は第 3 章.xlsx を参照していただきたい。

4　χ^2検定（カイ二乗検定）

　第 3 章では χ^2 検定について述べられていないが，重要であるので問題 5 と
問題 6 を加えてこの章で説明する。

　t 検定はパラメトリック検定で**量的変数**を扱うものであったが，**質的変数**を
カテゴリーで分類してその違いを検定する方法として χ^2 検定がある。得られ

141

たデータが期待される分布と適合しているかを調べる場合や，**クロス集計**など
の結果においてカテゴリー間に関連性があるかなどの検定を行う。

（1）　**適合度検定**（シート5-5-10）

【問題5】　サイコロを60回振り，各目の出た度数は次のとおりであった。
目の出方は一様と考えてよいか。解答例は次のとおりである。

　　帰無仮説：決められた分布に従う（偏りのあるさいころではない）

	出た目の回数
1	18
2	8
3	11
4	7
5	9
6	7

解き方	期待値を求める	
	出た目の回数	期待度数
1	18	10
2	8	10
3	11	10
4	7	10
5	9	10
6	7	10

図表5-17　適合度検定の例

　Excelに**CHISQ.TEST（実測値範囲，期待値範囲）**という統計関数があり，
有意水準5％と比較して有意かどうか判定する。この場合，期待度数はそれぞ
れの目が均等に出る場合の度数であるので，それぞれ10回となる。したがって，

　　CHISQ.TEST（B 22：B 27，C 22：C 27）＝0.117312358＞0.05 有意差なし

　結論は，偏りのあるさいころではない。

　従来の手計算で行う検定（χ^2値を求めχ^2分布から自由度を使ってp値を求める）
については**第2章.xlsx**　χ^2分布の作り方を参照していただきたい。Excelで
はχ^2値は　＝**CHISQ.INV（危険率，自由度）**で求まる。

　（2）　**独立性の検定**（シート5-5-11）

　例えば，図表で表示されたデータが行間，あるいは列間で関連があるかどう
かを調べるのが典型的な事例である。

【問題6】　ある薬の効果を調べるために，その薬を与えた群と偽薬を与えた群
で効果を比較する。その結果は図表5-18のような結果となった。新薬は効果

142

第5章　実際に計算してみる

があったといえるかどうか。

	効果あり	効果なし
新薬	60	36
偽薬	50	54

図表5-18　独立性の検定の例

　Excelの統計関数　= CHISQ.TEST（**実測値範囲，期待値範囲**）を使用する。この関数の戻り値は確率であり，有意水準5％と比較して有意かどうかを判定する。この場合，期待値とは薬の種類と効果は関係なく，それぞれ独立したものである場合の度数を表している。計算方法は図表5-19に示すように，①2行2列の実測値に対して，縦横集計する。②それぞれの格子にあたる期待値を縦横集計した値をもとに計算する。例えば，新薬で効果ありの期待値は96×

Excel関数を使った解き方
Excelは CHISQ.TEST（実測値範囲，期待値範囲）という関数を持つ
この関数の戻り値は確率であり，有意水準5％と比較して有意かどうか判定する

1. 縦横の合計を計算する
実測値

		効果あり	効果なし		
	新薬	60	36	96	
	偽薬	50	54	104	
		110	90	200	

2. 合計からそれぞれの期待値を計算する　　　　　　　$52.8 = 96 \times 110 / 200$
期待値

		効果あり	効果なし		
	新薬	52.8	43.2	96	同様の計算により
	偽薬	57.2	46.8	104	2行2列の値を求める
		110	90	200	

3. CHISQ.TEST（実測値範囲，期待値範囲）にて確率を求める

	0.040524	<	0.05	有意差あり
				（新薬は偽薬より効果がある）

図表5-19　Excelによるχ^2検定

143

110 / 200 = 52.8になる。この計算を2行2列について行う。なお，この計算は第2章の確率変数が独立の場合の同時確率を求める計算（2.25）に対応している。③統計関数CHISQ.TESTで薬の種類と効果は関係なく，それぞれ独立であるという帰無仮説のもとで，新薬で効果ありが60人以上（これに応じて図表5-18の他の人数も変わる）である確率を得る。④得られた確率が有意水準より小さければ有意差ありとなり，独立したものではないという判断になる。

第6節　第4章.xlsxについて

ここでは第4章の内容に沿って，2変数間の関係を把握する具体的な手段について説明する。

1　散布図を描く（シート5-6-1）

第4章の図表4-1のコンビニに関するデータに対して，2つの変数が格納されたデータ範囲を選択指定し，挿入・グラフ・散布図を選ぶと，散布図（x-yグラフ）は自動的に描かれる。

Excelでは左側の列をX軸，右側の列をY軸としているので説明変数となる列を左側，目的変数となる列を右側にする必要がある。

No.	売上高(円)	最高気温(℃)
1	5920	32.7
2	4640	28.7
3	5760	30.3
4	7040	34.5
5	6880	29.8
6	6240	32.8
7	6560	30.6
8	4320	25.9
9	5120	28.5
10	6720	31.8

No.	最高気温(℃)	売上高(円)
1	32.7	5920
2	28.7	4640
3	30.3	5760
4	34.5	7040
5	29.8	6880
6	32.8	6240
7	30.6	6560
8	25.9	4320
9	28.5	5120
10	31.8	6720

図表5-20　説明変数（最高気温）を横軸（X軸）とするための列の入替

第5章　実際に計算してみる

　また，X軸Y軸の目盛も自動的に割り振られるのでプロットされたデータが偏っている場合がある。そのときは，X軸Y軸に関する軸の書式設定パネルを開き，データの中央部がグラフの中心となるように軸のオプション・境界値を変更するとよい。結果は図表5-21のようになる。

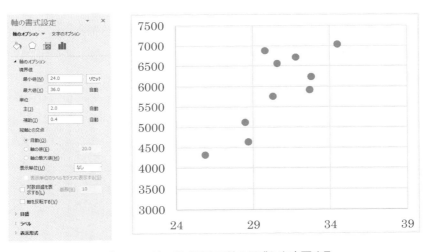

図表5-21　軸の書式設定で軸の目盛りを変更する

2　相関係数を求める（シート5-6-2）

(1) 統計関数で直接求める方法

　Excelには回帰直線の式や相関係数を直接求めることができる関数が用意されている。関数の引数が，SLOPE, INTERCEPT関数は（目的変数，説明変数）であるのに対し，CORREL関数は（説明変数，目的変数）であることに注意する必要がある。結果は図表5-22のようになる。

式の傾き	SLOPE（配列Y，配列X）	298.7095
切片	INTERCEPT（配列Y，配列X）	－3208.56
相関係数	CORREL（配列X，配列Y）	0.786027

図表5-22　回帰式，相関係数を関数で直接求める

(2)　分析ツールの相関および回帰分析から求める方法

　分析ツールにある相関を選び，現れた図表5-23のパネルに必要な数値を入れると，図表5-24のような2つの変数の組み合わせ部分に相関係数が得られる。

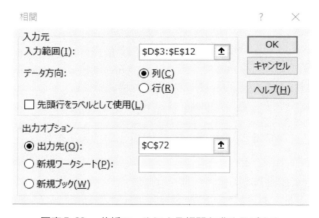

図表5-23　分析ツールによる相関を求めるパネル

	列 1	列 2
列 1	1	
列 2	0.786027	1

図表5-24　分析ツールによる相関分析の結果表示

第5章　実際に計算してみる

　相関係数が大きく２つの項目に関連があることが示されても，そこに必ずしも因果関係があるとは限らない。高い相関は背後にある共通の原因による**疑似相関**かも知れない，また相関は直線関係を表す指標であることなどにも注意が必要である。回帰分析については図表5-25のような出力結果が得られる。

回帰統計	
重相関 R	0.786027
重決定 R2	0.617839
補正 R2	0.570069
標準誤差	625.5663
観測数	10

分散分析表

	自由度	変動	分散	観測された分散比	有意 F
回帰	1	5061334	5061334	12.93356802	0.00702
残差	8	3130666	391333.2		
合計	9	8192000			

	係数	標準誤差	t	P-値	下限 95%	上限 95%	下限 99.0%	上限 99.0%
切片	-3208.56	2545.999	-1.26024	0.243099564	-9079.65	2662.52	-11751.4	5334.248
X 値 1	298.7095	83.05962	3.596327	0.007019649	107.1737	490.2454	20.01236	577.4067

図表5-25　回帰分析の出力結果

　図表5-25において，回帰統計の重相関Rは説明変数と目的変数の値の相関を示している。重決定R2は決定係数または寄与率とよばれ，求めた回帰直線がどれくらい実測値を説明できるかの指標で，重相関Rの２乗である。補正R2はシート5-6-3重回帰分析に関することなので後で述べる。

　分散分析表の有意Fの値は分散分析のF値であり，母集団における真の関係が$y = ax + \beta$と考えられるとき，帰無仮説：$a = 0$（すなわち，xにはyに対する説明力はない）を検定するための検定統計値である。有意水準より小さければ何らかの説明力があることを示している。P-値も同様である。下限95％，上限95％はa（xの係数）とβ（切片）の信頼区間を表し，信頼区間の有意水準を指定すれば（この例では99％を指定），指定された下限，上限の値も表示される。

147

(3) 散布図から求める方法

シート5-6-1で描いた散布図において，グラフ内のどれかのプロット点を選ぶと全プロット点が選択される。次に右クリックすると，図表5-26のようなパネルが現れるので，近似曲線の追加を選び近似曲線の書式設定パネルを出す。ここで，□グラフに数式を表示する，□グラフにR-2乗値を表示するのそ

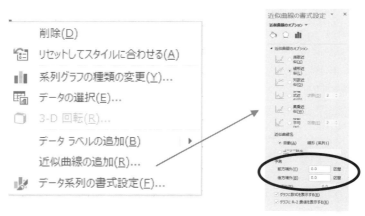

図表5-26　近似曲線の追加

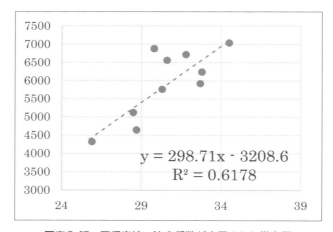

図表5-27　回帰直線，決定係数が表示された散布図

第5章　実際に計算してみる

れぞれにチェックを入れる。すると図表 5-27 のような回帰直線とその式および R-2 乗値がグラフ上に表示される。

図表 5-27 にも出ているように，この場合線形回帰であり，回帰係数は正なので，相関係数は

$$\sqrt{R^2} = \sqrt{0.6178} = 0.786 \quad となる。$$

3　重回帰分析（シート 5-6-3）

重回帰分析に関する分析は，分析ツールの相関および回帰分析を使う。例えば，第 4 章の図表 4-8 の例では以下のようになる。

平均湿度の影響を取り除いた売上高と最高気温の偏相関係数は，第 4 章の式（4.17）に式（4.14）の数値を代入することにより，

計算式 $= (0.786 - (0.907 * 0.718))/(SQRT(1 - 0.907 ^ 2) * SQRT(1 - 0.718 ^ 2)) = 0.460$

となる。また回帰分析によって図表 5-28 のような出力結果を得る。

回帰統計	
重相関 R	0.9293
重決定 R2	0.8637
補正 R2	0.7955
標準誤差	431.4232
観測数	10

分散分析表

	自由度	変動	分散	観測された分散比	有意 F
回帰	3	7075244	2358415	12.6711	0.0053
残差	6	1116756	186126		
合計	9	8192000			

	係数	標準誤差	t	P-値	下限 95%	上限 95%
切片	-4916.8001	4112.6343	-1.1955	0.2770	-14980.0538	5146.4536
X 値 1	100.5469	83.3008	1.2070	0.2728	-103.2829	304.3767
X 値 2	-71.3743	174.8434	-0.4082	0.6973	-499.2007	356.4522
X 値 3	139.0138	44.0558	3.1554	0.0197	31.2132	246.8143

図表 5-28　図表 4-8 の分析結果

補正 R 2 は，説明変数を追加すれば重決定 R 2 は 1.0 に近づき，より説明でき

149

るようになるが，追加による説明力の増加を割り引いたもので，説明変数を追加すべきかどうか判断するための指標として利用できる。分散分析表の有意Fは母集団における真の関係が$y = a_1x_1 + a_2x_2 + a_3x_3 + \beta$と考えられるとき，帰無仮説：$a_1 = a_2 = a_3 = 0$（すなわち，どの$x_1$，$x_2$，$x_3$も$y$に対する説明力はない）を検定するための検定統計値で，有意水準より小さければx_1，x_2，x_3のいずれか，あるいはすべてに何らかの説明力があることを示している。しかし，どのx_1，x_2，x_3に説明力があるかは分からない。それを知ることができるのはP-値である。P-値が有意水準に比べて小さい説明変数はyに対する説明力を持つといえる。結論については第4章2節を参照していただきたい。

第7節　Excelその他の機能.xlsxについて

Excelでは，第1章から第4章で特に扱わなかったその他の機能として，データベース機能，フィルター機能，ピボットテーブルおよびマクロ機能など

	A	B	C	D	E	F
1	番号	名字	性別	年齢	身長	体重
2	1	佐藤	男	68	145.7	44.3
3	2	鈴木	男	70	149.8	46.6
4	3	高橋	男	70	152.2	55.1
5	4	田中	女	70	161.8	48.1
6	5	伊藤	女	71	146.4	51.8
7	6	渡辺	女	76	149	47.3
8	7	山本	女	70	139.1	44
9	8	中村	女	75	149.9	47.6
10	9	小林	女	83	149.7	65.7
11	10	加藤	男	66	155.4	50
12	11	吉田	男	73	143.6	60.7
13	12	山田	男	81	156.3	48.9
14	13	佐々木	男	74	153.1	49.9
15	14	山口	男	68	161.2	62.8
16	15	松本	女	75	157.7	65.2
17	16	井上	女	71	138.4	41

図表5-29　その他機能に関するデータ表

が備わっている。これらの機能について概略説明する。

図表5-29は，シート5-7-1にある高齢者110名の性別，年齢，身長，体重を並べたものの一部である。実際にデータを扱う時には，データの並べ替えや検索，抽出などのデータベース機能を活用する。それらの中でも，特に，以下の1から5までの操作を知っておくとデータ処理が楽になる。

1　ウィンドウ枠の固定

データ数が増えて1画面内に表示できないとき画面スクロールによってデータを確認することになるが，その場合，項目名の行も一緒にスクロールしてしまうので項目名が画面上でみることができない。そこで，表示メニューによって，項目名の行を固定しておくと便利である。

2　データの並べ替え

項目をキーに並べ替えを行う。データの並べ替えにおける注意事項は，
① 　ある列をキーとして並べ替えるとき，他の列も連動して並べ替えができるようにしておく。
② 　並べ替えた後，元に戻せるように，連番を格納した列を追加しておくことである。

3　フィルター機能の活用

属性をもとにグループ分けをする際，フィルター機能を活用すると便利である。フィルター機能を使って必要なデータだけを取り出す上での注意事項は，フィルターをかけただけで，各種の統計処理を行うと，フィルターによって非表示になっているデータの影響を受けるので，表示されている必要なデータを別の表として，別のシートにコピーを貼り付けて，得られた新しい表で統計処理を行う習慣を付けておくことである。例えば以下のようにする。
① 　男女の年齢分布のヒストグラムを作成
② 　男女の年齢の平均の有意差

151

③　男女の身長や体重の平均の有意差

4　ピボットテーブルの活用

その他の機能.xlsx を参照していただきたい。

5　データの検索，検索結果の参照

その他の機能.xlsx を参照していただきたい。

6　Excelマクロ

その他の機能.xlsx を参照していただきたい。

あ と が き

一昨年の秋，紅葉客で賑わう山中湖畔に日本経営数学会のメンバー10数名が集まった。学会主催の研究会に出席するためである。2日間の研究会では会員の研究成果発表の他，学会の理事会，夕食を中心とする懇親会が続く。

懇親会は近況報告をはじめ，社会の話題など，とりとめのない話で盛り上がる。しかしこの時は授業と教科書の話に発展した。常日頃の授業の苦労話であり，学生が共通に抱える問題点はなにか，社会に出て本当に必要な知識とはなにか，いかに楽しく学ぶか等々である。

考えてみれば，効率の良い教育方法論や，そもそも教育の質向上の検討は本学会の役割の一つである。記憶を手繰れば，過去には社会科学系学部のカリキュラム調査を学会主催で行ったことがある。今回集まったメンバーの何人かも調査に参加している。そこでの調査は，日本全国の大学の経営関連学部を対象に「何をどこまで教えているか」の実態調査であった。

調査結果の結論はいくつかあったと思われるが，その一つに統計学はどの大学でも重視し，かつ文系学生はこの科目を難しいと感じているのが明確になったことである。今回の研究会には現役で統計学を教えている人が数名いたので，当時のことはすぐに思い出すことができた。学生の学修上の強み・弱みを知り尽くした人達である。

これだけ条件がそろえば，話は容易に集約する。「初心者に分かる統計学の本づくり」を中心とした経営数学関連への貢献プロジェクトの発足である。今回のプロジェクトの下地はすでに10年も前に芽生えていたともいえる。

幸いにしてプロジェクトに賛同していただく出版社も見つかり，また学会の全面的なバックアップも得られることになった。当時学会会長としてカリキュラム実態調査を主導された，横浜国立大学の臼井功名誉教授に監修代表を引き受けていただいた。現会長の文教大学竹田仁教授をはじめ，愛知学院大学の田中浩光教授からも多大なアドバイスを受けた。最近は毎年，秋の研究会は専修

153

大学の研修所で開催しているが，この山中湖畔の場の提供，および常日頃学会運営全体にご尽力いただいている専修大学の内野明教授，同じく高萩栄一郎教授にも大変お世話になった。ここではお一人ずつの名前は挙げられないが，多くの方々のご支援があってプロジェクト構想は現実のものとなった。お礼を申し上げる。

　税務経理協会の峯村英治シニアエディターには，企画の段階から貴重なアドバイスをいただいた。途中何度か紆余曲折があったものの，本プロジェクトが最後のゴールにまで到達できたのも同氏の計らいである。改めてお礼を申し上げたい。

　　平成30年1月

　　　　　　　　　　　　　　　　　　　　　　　　　　執筆者一同

標準正規分布表
（0〜zの確率）

少数第2位

Z		0.00	0.01	0.02	0.03	0.04	0.05	0.06	0.07	0.08	0.09
上2桁	0.0	0.0000	0.0040	0.0080	0.0120	0.0160	0.0199	0.0239	0.0279	0.0319	0.0359
	0.1	0.0398	0.0438	0.0478	0.0517	0.0557	0.0596	0.0636	0.0675	0.0714	0.0753
	0.2	0.0793	0.0832	0.0871	0.0910	0.0948	0.0987	0.1026	0.1064	0.1103	0.1141
	0.3	0.1179	0.1217	0.1255	0.1293	0.1331	0.1368	0.1406	0.1443	0.1480	0.1517
	0.4	0.1554	0.1591	0.1628	0.1664	0.1700	0.1736	0.1772	0.1808	0.1844	0.1879
	0.5	0.1915	0.1950	0.1985	0.2019	0.2054	0.2088	0.2123	0.2157	0.2190	0.2224
	0.6	0.2257	0.2291	0.2324	0.2357	0.2389	0.2422	0.2454	0.2486	0.2517	0.2549
	0.7	0.2580	0.2611	0.2642	0.2673	0.2704	0.2734	0.2764	0.2794	0.2823	0.2852
	0.8	0.2881	0.2910	0.2939	0.2967	0.2995	0.3023	0.3051	0.3078	0.3106	0.3133
	0.9	0.3159	0.3186	0.3212	0.3238	0.3264	0.3289	0.3315	0.3340	0.3365	0.3389
	1.0	0.3413	0.3438	0.3461	0.3485	0.3508	0.3531	0.3554	0.3577	0.3599	0.3621
	1.1	0.3643	0.3665	0.3686	0.3708	0.3729	0.3749	0.3770	0.3790	0.3810	0.3830
	1.2	0.3849	0.3869	0.3888	0.3907	0.3925	0.3944	0.3962	0.3980	0.3997	0.4015
	1.3	0.4032	0.4049	0.4066	0.4082	0.4099	0.4115	0.4131	0.4147	0.4162	0.4177
	1.4	0.4192	0.4207	0.4222	0.4236	0.4251	0.4265	0.4279	0.4292	0.4306	0.4319
	1.5	0.4332	0.4345	0.4357	0.4370	0.4382	0.4394	0.4406	0.4418	0.4429	0.4441
	1.6	0.4452	0.4463	0.4474	0.4484	0.4495	0.4505	0.4515	0.4525	0.4535	0.4545
	1.7	0.4554	0.4564	0.4573	0.4582	0.4591	0.4599	0.4608	0.4616	0.4625	0.4633
	1.8	0.4641	0.4649	0.4656	0.4664	0.4671	0.4678	0.4686	0.4693	0.4699	0.4706
	1.9	0.4713	0.4719	0.4726	0.4732	0.4738	0.4744	0.4750	0.4756	0.4761	0.4767
	2.0	0.4772	0.4778	0.4783	0.4788	0.4793	0.4798	0.4803	0.4808	0.4812	0.4817
	2.1	0.4821	0.4826	0.4830	0.4834	0.4838	0.4842	0.4846	0.4850	0.4854	0.4857
	2.2	0.4861	0.4864	0.4868	0.4871	0.4875	0.4878	0.4881	0.4884	0.4887	0.4890
	2.3	0.4893	0.4896	0.4898	0.4901	0.4904	0.4906	0.4909	0.4911	0.4913	0.4916
	2.4	0.4918	0.4920	0.4922	0.4925	0.4927	0.4929	0.4931	0.4932	0.4934	0.4936
	2.5	0.4938	0.4940	0.4941	0.4943	0.4945	0.4946	0.4948	0.4949	0.4951	0.4952
	2.6	0.4953	0.4955	0.4956	0.4957	0.4959	0.4960	0.4961	0.4962	0.4963	0.4964
	2.7	0.4965	0.4966	0.4967	0.4968	0.4969	0.4970	0.4971	0.4972	0.4973	0.4974
	2.8	0.4974	0.4975	0.4976	0.4977	0.4977	0.4978	0.4979	0.4979	0.4980	0.4981
	2.9	0.4981	0.4982	0.4982	0.4983	0.4984	0.4984	0.4985	0.4985	0.4986	0.4986
	3.0	0.4987	0.4987	0.4987	0.4988	0.4988	0.4989	0.4989	0.4989	0.4990	0.4990

t分布表
(上側確率点)

P=	0.45	0.25	0.05	0.025	0.0125	0.005	0.0025
自由度 = 1	0.1584	1.0000	6.3138	12.7062	25.4517	63.6567	127.3213
2	0.1421	0.8165	2.9200	4.3027	6.2053	9.9248	14.0890
3	0.1366	0.7649	2.3534	3.1824	4.1765	5.8409	7.4533
4	0.1338	0.7407	2.1318	2.7764	3.4954	4.6041	5.5976
5	0.1322	0.7267	2.0150	2.5706	3.1634	4.0321	4.7733
6	0.1311	0.7176	1.9432	2.4469	2.9687	3.7074	4.3168
7	0.1303	0.7111	1.8946	2.3646	2.8412	3.4995	4.0293
8	0.1297	0.7064	1.8595	2.3060	2.7515	3.3554	3.8325
9	0.1293	0.7027	1.8331	2.2622	2.6850	3.2498	3.6897
10	0.1289	0.6998	1.8125	2.2281	2.6338	3.1693	3.5814
11	0.1286	0.6974	1.7959	2.2010	2.5931	3.1058	3.4966
12	0.1283	0.6955	1.7823	2.1788	2.5600	3.0545	3.4284
13	0.1281	0.6938	1.7709	2.1604	2.5326	3.0123	3.3725
14	0.1280	0.6924	1.7613	2.1448	2.5096	2.9768	3.3257
15	0.1278	0.6912	1.7531	2.1314	2.4899	2.9467	3.2860
16	0.1277	0.6901	1.7459	2.1199	2.4729	2.9208	3.2520
17	0.1276	0.6892	1.7396	2.1098	2.4581	2.8982	3.2224
18	0.1274	0.6884	1.7341	2.1009	2.4450	2.8784	3.1966
19	0.1274	0.6876	1.7291	2.0930	2.4334	2.8609	3.1737
20	0.1273	0.6870	1.7247	2.0860	2.4231	2.8453	3.1534
21	0.1272	0.6864	1.7207	2.0796	2.4138	2.8314	3.1352
22	0.1271	0.6858	1.7171	2.0739	2.4055	2.8188	3.1188
23	0.1271	0.6853	1.7139	2.0687	2.3979	2.8073	3.1040
24	0.1270	0.6848	1.7109	2.0639	2.3909	2.7969	3.0905
25	0.1269	0.6844	1.7081	2.0595	2.3846	2.7874	3.0782
30	0.1267	0.6828	1.6973	2.0423	2.3596	2.7500	3.0298
100	0.1260	0.6770	1.6602	1.9840	2.2757	2.6259	2.8707
500	0.1257	0.6750	1.6479	1.9647	2.2482	2.5857	2.8195
∞	0.1257	0.6745	1.6449	1.9600	2.2414	2.5758	2.8070

χ²分布表
（上側確率点）

P=	0.9	0.5	0.1	0.05	0.025	0.01
自由度 = 1	0.0158	0.4549	2.7055	3.8415	5.0239	6.6349
2	0.2107	1.3863	4.6052	5.9915	7.3778	9.2103
3	0.5844	2.3660	6.2514	7.8147	9.3484	11.3449
4	1.0636	3.3567	7.7794	9.4877	11.1433	13.2767
5	1.6103	4.3515	9.2364	11.0705	12.8325	15.0863
6	2.2041	5.3481	10.6446	12.5916	14.4494	16.8119
7	2.8331	6.3458	12.0170	14.0671	16.0128	18.4753
8	3.4895	7.3441	13.3616	15.5073	17.5345	20.0902
9	4.1682	8.3428	14.6837	16.9190	19.0228	21.6660
10	4.8652	9.3418	15.9872	18.3070	20.4832	23.2093
11	5.5778	10.3410	17.2750	19.6751	21.9200	24.7250
12	6.3038	11.3403	18.5493	21.0261	23.3367	26.2170
13	7.0415	12.3398	19.8119	22.3620	24.7356	27.6882
14	7.7895	13.3393	21.0641	23.6848	26.1189	29.1412
15	8.5468	14.3389	22.3071	24.9958	27.4884	30.5779
16	9.3122	15.3385	23.5418	26.2962	28.8454	31.9999
17	10.0852	16.3382	24.7690	27.5871	30.1910	33.4087
18	10.8649	17.3379	25.9894	28.8693	31.5264	34.8053
19	11.6509	18.3377	27.2036	30.1435	32.8523	36.1909
20	12.4426	19.3374	28.4120	31.4104	34.1696	37.5662
21	13.2396	20.3372	29.6151	32.6706	35.4789	38.9322
22	14.0415	21.3370	30.8133	33.9244	36.7807	40.2894
23	14.8480	22.3369	32.0069	35.1725	38.0756	41.6384
24	15.6587	23.3367	33.1962	36.4150	39.3641	42.9798
25	16.4734	24.3366	34.3816	37.6525	40.6465	44.3141
30	20.5992	29.3360	40.2560	43.7730	46.9792	50.8922

F分布表
（上側確率点）　P＝0.05

自由度1 =	1	2	3	4	5	6	7	8	9	10	12	15	20	30	100	500
自由度2 = 1	161	200	216	225	230	234	237	239	241	242	244	246	248	250	253	254
2	18.5	19	19.2	19.3	19.3	19.3	19.4	19.4	19.4	19.4	19.4	19.4	19.5	19.5	19.5	19.5
3	10.1	9.55	9.28	9.12	9.01	8.94	8.89	8.85	8.81	8.79	8.74	8.7	8.66	8.62	8.55	8.53
4	7.71	6.94	6.59	6.39	6.26	6.16	6.09	6.04	6	5.96	5.91	5.86	5.8	5.75	5.66	5.64
5	6.61	5.79	5.41	5.19	5.05	4.95	4.88	4.82	4.77	4.74	4.68	4.62	4.56	4.5	4.41	4.37
6	5.99	5.14	4.76	4.53	4.39	4.28	4.21	4.15	4.1	4.06	4	3.94	3.87	3.81	3.71	3.68
7	5.59	4.74	4.35	4.12	3.97	3.87	3.79	3.73	3.68	3.64	3.57	3.51	3.44	3.38	3.27	3.24
8	5.32	4.46	4.07	3.84	3.69	3.58	3.5	3.44	3.39	3.35	3.28	3.22	3.15	3.08	2.97	2.94
9	5.12	4.26	3.86	3.63	3.48	3.37	3.29	3.23	3.18	3.14	3.07	3.01	2.94	2.86	2.76	2.72
10	4.96	4.1	3.71	3.48	3.33	3.22	3.14	3.07	3.02	2.98	2.91	2.85	2.77	2.7	2.59	2.55
11	4.84	3.98	3.59	3.36	3.2	3.09	3.01	2.95	2.9	2.85	2.79	2.72	2.65	2.57	2.46	2.42
12	4.75	3.89	3.49	3.26	3.11	3	2.91	2.85	2.8	2.75	2.69	2.62	2.54	2.47	2.35	2.31
13	4.67	3.81	3.41	3.18	3.03	2.92	2.83	2.77	2.71	2.67	2.6	2.53	2.46	2.38	2.26	2.22
14	4.6	3.74	3.34	3.11	2.96	2.85	2.76	2.7	2.65	2.6	2.53	2.46	2.39	2.31	2.19	2.14
15	4.54	3.68	3.29	3.06	2.9	2.79	2.71	2.64	2.59	2.54	2.48	2.4	2.33	2.25	2.12	2.08
16	4.49	3.63	3.24	3.01	2.85	2.74	2.66	2.59	2.54	2.49	2.42	2.35	2.28	2.19	2.07	2.02
17	4.45	3.59	3.2	2.96	2.81	2.7	2.61	2.55	2.49	2.45	2.38	2.31	2.23	2.15	2.02	1.97
18	4.41	3.55	3.16	2.93	2.77	2.66	2.58	2.51	2.46	2.41	2.34	2.27	2.19	2.11	1.98	1.93
19	4.38	3.52	3.13	2.9	2.74	2.63	2.54	2.48	2.42	2.38	2.31	2.23	2.16	2.07	1.94	1.89
20	4.35	3.49	3.1	2.87	2.71	2.6	2.51	2.45	2.39	2.35	2.28	2.2	2.12	2.04	1.91	1.86
25	4.24	3.39	2.99	2.76	2.6	2.49	2.4	2.34	2.28	2.24	2.16	2.09	2.01	1.92	1.78	1.73
30	4.17	3.32	2.92	2.69	2.53	2.42	2.33	2.27	2.21	2.16	2.09	2.01	1.93	1.84	1.7	1.64
100	3.94	3.09	2.7	2.46	2.31	2.19	2.1	2.03	1.97	1.93	1.85	1.77	1.68	1.57	1.39	1.31
500	3.86	3.01	2.62	2.39	2.23	2.12	2.03	1.96	1.9	1.85	1.77	1.69	1.59	1.48	1.28	1.16

索　引

【あ行】

一様分布　43,50
一致性　63
因子　86,118
因子抽出法　117
因子の解釈　119
因子負荷量　119
因子分析　114
F分布　56

【か行】

回帰式　110
回帰分析　100
階級　5
階級値　7
カイ2乗分布　55
カイ2乗検定　141
回転法　117
ガウス分布　46
確率　28
確率変数　33
確率分布　33,39,42
確率分布関数　42
確率密度関数　37
疑似相関　108,146
記述統計　3
期待値　35
帰無仮説　69
共通因子　114
共通性　119

共分散　96
寄与率　118
行列散布図　106
区間推定　59
クロス集計　141
グループ間変動／グループ内変動　87
決定係数　101
検定　59
検定の多重性　89
検定統計量　72,75
ゴセット　76
固有値　118
根元事象　30

【さ行】

最小二乗法　64
最頻値　10
最尤法　64
散布図　95,125
実現値　62
四分位数　15
重回帰分析　110
従属変数　100
自由度　53
周辺確率分布　39
主効果　87
主成分分析　114
信頼区間　64
推測統計　3
推定量　60
スタージェスの公式　127

159

正規分布　46

説明変数　100

相関係数　96

相関分析　96

相加平均　13

質的変数　141

【た行】

第1種の誤り　73

代表値　10

対立仮説　70

多重比較　89

多重共線性　112

t検定　78

t値　54

t分布　53

中央値　10

中心極限定理　52

点推定　60

統計的仮説検定　70

統計的独立性　32

同時確率分布　39

独立変数　100

度数分布表　5

【な行】

二項分布　43

ノンパラメトリック検定　84

【は行】

箱ひげ図　5,8

範囲　15

p値　73

フィッシャー　69

ヒストグラム　5,6

被説明変数　100

標準化　135

標準偏差　18

標準誤差　65

標準正規分布　48

複合事象　30

不偏推定量　61

不偏性　61,63

不偏分散　62

標本　59

標本統計量　51

標本分散　53,62

標本平均　52

標本変動　51

分散　17

分散分析　86

分析ツール　125

平均値　11

偏差値　136

変量効果モデル

偏相関係数　108

変動係数　20,130

ポアソン分布　44

母集団　59

母比率　68

【ま行】

無作為抽出　60

目的変数　100

【や行】

有意確率　73

有意水準　70,73

索　引

有効性　63

要因効果　87

【ら行】

乱数　132

ランダムサンプリング　60

離散型確率変数　34

量的変数　141

両側検定　71

連続型確率変数　34

【わ行】

Excel 関数一覧

AVERAGE 関数

BINOM.DIST 関数

CHIINV 関数

CHISQ.TEST 関数

COMBIN 関数

CONFIDENCE 関数

CORREL 関数

COUNT 関数

COUNTIF 関数

COUNTIFS 関数

FREQUENCY 関数

F.INV 関数

INTERCEPT 関数

KURT 関数

MAX 関数

MEDIAN 関数

MIN 関数

MODE 関数

NORM.DIST 関数

NORMSDIST 関数

NORM.S.INV 関数

PERCENTILE 関数

POISSON.DIST 関数

RAND 関数

SKEW 関数

SLOPE 関数

STDEV 関数

SUM 関数

T.INV.2T 関数

T.TEST 関数

VAR 関数

監修者・編著者・著者紹介

臼井　功　横浜国立大学名誉教授

東京大学大学院経済学研究科博士課程単位取得退学　修士（経済学）

主要著書　経営数学概論（有斐閣）　ビジネスエコノミクス－ミクロ経済学・経営科学の応用－（日本経営数学会叢書，専修大学出版局）　リスク，環境および経済（勁草書房）　ロード・プライシング　理論と政策（勁草書房）

（監修代表者）

三品　勉　秋田県立大学名誉教授

米オクラホマ大学大学院工学研究科博士課程　Ph.D.（IE）

主要著書　購買在庫のチェックリスト（税務経理協会）　経営戦略のエンジニアリングアプローチ（日科技連）　活性あきたMOT試論（秋田魁新報社）

（編著・はじめに・第1章）

岡田　穣　専修大学商学部教授

北海道大学大学院農学研究科博士課程　博士（農学）

主要著書　海岸林との共生（山形大学出版）　海岸林維持管理システムの構築（白桃書房）

（第2章・第4章）

奥　喜正　流通経済大学流通情報学部教授

学習院大学大学院経営学研究科博士課程満期退学　博士（医学）

主要著書　データ解析の実際（丸善プラネット）

（第3章）

芦田信之　福知山公立大学名誉教授

金沢大学大学院理学研究科修士課程　博士（医学）（大阪大学）

主要著書　疫学・保健統計（標準保健師講座）（医学書院）　情報科学（医用放射線科学講座）（医歯薬出版）　NEW臨床検査診断学（南江堂）

（第5章）

統計学への招待
－大学生・社会人に必要な知識－

2018年 5 月25日 初版第 1 刷発行
2021年 4 月20日 初版第 2 刷発行
2024年 5 月 1 日 初版第 3 刷発行

監 修 者　日本経営数学会
監修代表　臼井　功
編 著 者　三品　勉
発 行 者　大坪克行
発 行 所　株式会社 税務経理協会
　　　　　〒161-0033東京都新宿区下落合1丁目1番3号
　　　　　http://www.zeikei.co.jp
　　　　　03-6304-0505
印 刷 所　光栄印刷株式会社
製 本 所　牧製本印刷株式会社

本書についての
ご意見・ご感想はコチラ

http://www.zeikei.co.jp/contact/

本書の無断複製は著作権法上の例外を除き禁じられています。複製される場合は、そのつど事前に、出版者著作権管理機構（電話03-5244-5088、FAX03-5244-5089, e-mail: info@jcopy.or.jp）の許諾を得てください。

JCOPY ＜出版者著作権管理機構 委託出版物＞
ISBN 978-4-419-06513-3　C3034

© 日本経営数学会 臼井 功・三品 勉 2018 Printed in Japan